이집트로부터 유럽을 거쳐
미국에서 끝나는 옷 이야기

코르셋과
고래뼈

이민정 지음

코르셋과 고래뼈

이집트로부터 유럽을 거쳐 미국에서 끝나는 옷 이야기

ⓒ이민정 2018

초판 1쇄	2018년 03월 23일
초판 3쇄	2019년 01월 11일

지은이	이민정

		펴낸이	이정원
출판책임	박성규	펴낸곳	도서출판 들녘
편집주간	선우미정	등록일자	1987년 12월 12일
디자인진행	김정호	등록번호	10-156
편집	박세중·이동하·이수연		
디자인	조미경·김원중	주소	경기도 파주시 회동길 198
기획마케팅	나다연	전화	031-955-7374 (대표)
영업	이광호		031-955-7381 (편집)
경영지원	김은주·장경선	팩스	031-955-7393
제작관리	구법모	이메일	dulnyouk@dulnyouk.co.kr
물류관리	엄철용	홈페이지	www.dulnyouk.co.kr

ISBN	979-11-5925-321-8 (03900)	CIP	2018008062

이 도서의 국립중앙도서관 출판예정도서목록(CIP)은 서지정보유통지원시스템 홈페이지(http://seoji.nl.go.kr)와
국가자료공동목록시스템(http://www.nl.go.kr/kolisnet)에서 이용하실 수 있습니다.

인문
교양
021

이집트로부터 유럽을 거쳐
미국에서 끝나는 옷 이야기

코르셋과
고래뼈

이민정 지음

푸른들녘

패션의 역사는 눈에 보이는 것 위주로 정리되어 왔습니다. 유물의 사진 자료를 시간 순으로 정리해서 형태적 변화를 추적하고 그 일련의 단계를 설명하는 일이 주요 관심사였다는 말입니다. 그 과정에서 너무 많은 외래어, 한자어, 전문용어, 그리고 비어가 사용되었습니다. 유행이란 녀석이 무시로 국경을 넘나들며 즉흥적으로 이름을 바꾸니 그렇게 대처할 수밖에 없었던 것입니다. 그 말들이 가리키는 실체는 과거에만 존재했기에 현대의 독자는 그 둘을 연결시키는 데 애를 먹습니다. 패션의 역사가 현실에서 동떨어진 혹은 흥미롭지 않은 어떤 것으로 인식되고 있다면 그 원인의 큰 조각 하나는 여기서 찾아야 할 것입니다. 그래서 이 책은 새로운 방식으로 접근했습니다. 조금 느리더라도 말과 물건을 연결시키고, 그 물건의 역사적 배경을 묘사하고, 그 모든 것과 사람의 관계를 설명하기 위해 노력했습니다. 그 결과, 또 다른 소득도 얻었습니다. 옷에 숨어 있던 감정이 드러난 것입니다.

옷이란 살았던 시간, 출신 지역, 부여된 혹은 성취한 계급, 타고난 혹은 선택한 성별, 영적 소원, 동물적 욕망 등, 한 인간을 그 인간으로 규정하는 많은 것들이 반영된 기호의 집약입니다. 수없이 다양한 빛깔의 감정이 서려드는 것이 당연합니다. 전쟁터에 나간 기사를 기다리는 공주, 전 재산이 고작 40실링인 가난한 농노, 자전거 타고 달리는 음란한 여자, 절벽으로 버팔로를 몰아가는 원주민, 배에 실려 가는 노예… 그런 사람들이 삶의 장면 어느 한 곳에서 느꼈을 감정 말입니다. 이 책이 —분명 풍부한 사료를 바탕으로 쓴 역사책이지만— 소설처럼 읽히기를 희망하게 된 이유가 여기에 있습니다.

뜨거운 갈등과 차가운 농담의 샛길에서, 누가 주인공이 될지는 독자께서 결정하실 일입니다.

마르티알리스^{Martialis(38/41~103)}라는 사람이 있었습니다. 로마의 부잣집을 다니며 시를 써주고 생활비를 버는, 스페인 출신의 생계형 시인이었지요. 그는 특히 풍자시를 주로 썼는데, 그 안에는 해학, 혹은 조롱이 가득했습니다. 형편없는 로마의 의사에 대해선 이런 식으로 불만을 터뜨렸습니다.

> 몸이 조금 안 좋기에 의사 시마쿠스를 불렀네.
> 그래, 시마쿠스가 왔지. 그런데 너는 100명의 견습제자들도 데려왔더군.
> 얼음장처럼 차가운 손 100개가 나를 쑤시고 찔러댔지.
> 시마쿠스, 네가 오기 전엔 열은 없었는데, 이젠 펄펄 끓네.

애완견을 좋아하는 여자를 보고 지은 시는 심하게 짓궂었습니다.

> 메나이아, 네 작은 강아지가 너의 입과 입술을 핥더군.
> 나는 놀라지 않았다네. 그 개는 언제나 똥을 즐겨 먹었으니까.

하지만 그가 지은 모든 시가 삐딱한 것은 아니었습니다. 로마의 자랑 콜로세움을 찬양한 시의 경우 더없이 웅장합니다. 예루살렘을 함락하고, 그곳에서 엄청난 금은보화를 빼앗고, 3만에 달하는 노예까지 포획하고 개선한 티투스^{Titus*}는 황제에 즉위한 직후 아버지가 건설하기 시작한 콜로세움 공사를 마무리했습니다. 드디어 CE 80년**, 유례없는 규모의 대중 오락시설이 완공되자 로마인들은 100일이라는 긴 시간 동안 축제를 즐겼습니다. 그 현장에 있었던 마르티알리스는 대단한 자부심에 휩싸여 이렇게 읊조립니다.

> 야만스러운 멤피스(이집트)가 피라미드의 경이로움에 대해 침묵케 하라.
> 아시리아가 바빌론 건축에 쏟은 모든 노력을 자랑치 못하게 하라.
> 아르테미스 신전을 이유로 나약한 이오니아인이 찬양받을 수 없게 하며
> 동물의 뿔로 만든 제단으로 인해 델로스가 특별해질 수 없게 할지어다.
> 카리안의 당치않은 찬미에 의거해, 허공에 걸린 마우솔로스 영묘가 별
> 에 들리기까지 극찬 받게 하지 말지어다.
> 황제의 원형경기장(콜로세움)에 의해 그 모든 수고가 뒤처지게 되었나니
> 이 위업의 명성이 다른 모든 것들을 대신하리라.

한마디로 "인류가 만들어낸 모든 건축물 중 콜로세움이 단연 최고다" 라고 말하는 것입니다. 과연 그의 주장은 사실일까요?

우선 바빌론은 비교 대상이 될 수 없습니다. 메소포타미아 문명의 중심 국가가 바빌로니아이고, 그 수도가 바빌론입니다. 도시 전체와 하나의 건축물을 동일선상에서 비교하는 것은 이치에 맞지 않습니다. 그리스의 델로스 섬에 있었다던 뿔로 만든 제단도 마찬가지입니다. 여러 도시국가가 모여 종교행사를 하고 축제를 즐긴 곳으로 알려진 이 제단은 건축물이라기보다 제사에 바쳐진 염소 따위의 뿔과 해골을 쌓아놓은 것이었습니다. 지금은 흔적조차 남아 있지 않기에 어떤 모습이었는지 알 수 없지만, 보기 좋았을 것 같지는 않습니다. 이렇게 해서 비교 대상은 네 가지로 압축되었습니다. 이집트의 피라미드 중 가장 큰 쿠푸왕의 피라미드, 그리스 에페소스의 아르테미스 신전, 터키 카리아의 마우솔로스 영묘, 그리고 로마의 콜로세움입니다.

이집트 기자의 피라미드

The Ephesian Temple of Diana. *(Restored according to J. T. Wood.)*

그리스 에페소스의 아르테미스 신전. 그리스 신화에 등장하는 매력적인 여신 아르테미스에게 바친 신전으로 소아시아의 에페소스(오늘날의 터키 셀추크 부근)에 있었다. 현재 신전의 토대와 파편만이 남아 있다.

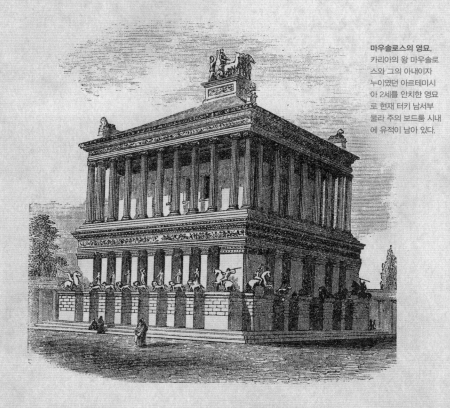

마우솔로스의 영묘. 카리아의 왕 마우솔로스와 그의 아내이자 누이였던 아르테미시아 2세를 안치한 영묘로 현재 터키 남서부 물라 주의 보드룸 시내에 유적이 남아 있다.

높이에 있어서는 약간의 차이로 콜로세움(48미터)이 1등입니다. 그다음이 마우솔로스 영묘(45미터), 아르테미스 신전(18미터)이지요. 넓이에 있어서도 콜로세움(약 24,000제곱미터)이 1등입니다. 그리고 아르테미스 신전(약 5,290제곱미터), 마우솔로스 영묘(약 1,200제곱미터) 순입니다.

물론 사이즈가 건축물의 가치를 나타내는 제일 중요한 척도는 아닙니다. 하지만 가장 직관적이어서 현저하게 크거나 높을 경우 관람자를 압도합니다. 예나 지금이나 남에게 자랑하려 들 때 대뜸 크기부터 내세우는 배경입니다. 그런데 이 비교에 피라미드를 넣지 않은 것은 그럴 필요가 없기 때문입니다. 높이만 139미터이니 사이즈를 비교하는 것 자체가 부질없는 일이지요. 참고로 무게로 따졌을 때, 피라미드가 콜로세움보다 28배 무겁습니다.

종합해보면 마르티알리스는 다른 건축물에 대해서는 타당한 자랑을

로마의 콜로세움

한 것이지만 피라미드에 대해서만은 대단한 허풍을 떤 셈입니다. 언제 완공되었는지를 따져보면 이 허풍의 기고만장함이 더욱 도드라집니다. 아르테미스 신전이 BCE 550년, 마우솔로스 영묘가 BCE 351년에 지어졌으니 콜로세움보다 몇 백 년 앞섰지요. 하지만 이 정도 차이는 아무것도 아닙니다. 쿠푸왕의 피라미드는 BCE 2560년경에 완공되었으니 콜로세움과는 자그마치 2640년가량의 차이입니다. 우리나라 역사에 대입해보자면 21세기에 지어진 제2롯데월드타워를 고조선 사람이 지은 건축물과 비교하면서 더 위대하다고 자랑하는 꼴입니다.

당시로서는 최신 건축물이었던 콜로세움, 이것을 가볍게 압도하는 피라미드를 수천 년 전에 이미 만들었던 이집트인들은 도대체 어떤 사람들이었을까요? 혹시 외계인이 아니었나 하는 의심마저 듭니다. 그러나 분명한 건, 그들도 사람이었고, 응당 옛날 사람으로서 원시적 문화를 가지고 있었다는 점이지요. 그런 모습이 가장 잘 드러나는 분야 중 하나가 그들이 입었던 옷입니다. 일례로 나일강에서 빨래하던 노예들은 남자도 여자도 홀딱 벗고 하루 종일 일했습니다. 어린아이들도 성기에 털이 나기 전까지는 발가벗고 돌아다니는 것이 일반적이었습니다.

오늘날까지 보존된 돌로 지은 문화유산을 보면 절로 경외감이 듭니다. 얼마나 위대한지 셀 수 없이 듣기도 했습니다. 하지만 살아 있는 사람을 감싸면서 일상생활에서 훨씬 더 큰 역할을 했던 부드러운 문화유산, 옷에 대해서는 많은 관심을 갖지 않았던 것이 사실입니다. 위압감이 들 만큼 충격적인 모습을 한 것도 아니었고, 워낙 잘 찢어지고 쉽게 썩어버리는 천으로 되어 있었기에 유물도 많지 않은 탓입니다. 그러나 오늘의 우리가 '서울에서 가장 높은 빌딩이 뭐지?'를 생각하는 날보다 '뭐 입고 나가지?'를 생각하는 날이 더 많은 것처럼, 옷은 그 시대를 이해할 수 있는 가장 좋은 도구 중 하나입니다.

　이 책은 서양 의복의 역사에 얽힌 이야기를 담고 있습니다. 현재 우리가 입고 있는 것이 서양에서 유래된 옷이기에 그 역사를 아는 것이 꽤나 큰 의미를 가질 수 있다고 생각했기 때문입니다. 이집트에서 시작해 유럽을 거쳐 미국에서 끝나는 이 이야기를 통해, '알고 입는 사람'이 되는 것도 나쁘지는 않을 것입니다.

위대한 돌과 교양의 풀

이집트

서양 복식에 대해 알고 싶다면 우선 지중해를 살펴보아야 합니다. 옷과 바다가 무슨 상관이라는 것인지 의아할 것입니다. 서양 복식의 단초는 모두 지중해 인근에서 기원했고, 지중해 물길을 따라 전파되었기 때문에 그 주변의 역사·지리·문화적 상황을 알아두어야 그 옛날의 이집트, 그리스, 그리고 로마의 옷을 보다 쉽게 이해할 수 있다는 의미입니다. 지중해 주변의 생태적 특성도 그 지역의 옷과 밀접하게 연관되어 있습니다. 어떤 식물이 자라고 어떤 동물자원을 이용했는가에 따라 옷의 재료가 달라지기 때문입니다.

지중해

지중해는 한자로 '땅 지地', '가운데 중中', '바다 해海'이니, '땅 가운데 있는 바다'를 뜻한다는 것쯤은 쉽게 짐작할 수 있습니다. 영어로는 메디터레이니언 시Mediterranean Sea입니다. '메디Medi-'는 중간을, '터라-terra'는 라틴어에 기원을 둔 단어로 '땅earth'을 의미합니다. 결국 영어로도 '땅 가운데 있는 바다'라는 뜻이군요. 그리스어 어원을 가진 이름 메소포타미아 Mesopotamia가 '강 사이 땅'이라는 뜻을 가진 것과 마찬가지로 아주 명쾌한 이름입니다. 오른쪽 지도에서 보듯, 정말 온 바다가 땅에 둘러싸여 있습니다.

세 개의 대륙이 감싸고 있는 이 바다의 연안에서 각기 다른 문명이 등장했고, 우연과 필연을 통해 만나게 되었고, 때로는 경쟁하고 때로는 상호보완하며 발전했습니다. 아프리카 대륙에는 이집트 문명, 아시아 대륙에는 메소포타미아 문명이 이미 자리 잡은 시점, BCE 3000년을 전후로 유럽 문명의 출발점인 크레타 문명이 싹을 틔웁니다. 이미 걷기 시작한 두 명의 아이가 바라보고 있는 상황에서 아기가 태어난 셈입니다. 크레타는 섬 이름입니다. 사방이 바다에 둘러싸여 있으니 육상 문명과 대비되도록 최초의 해상 문명이라고 설명하기도 합니다. 그 후 그리스 본토에 BCE 1600년경 미케네 문명이 자리를 잡습니다. 미케네는 도시 이름입니다. 이 두 문명이 주로 활동하던 곳이 지중해의 북동쪽 귀퉁이 구역인 에게해海입니다. 그래서 이 두 문명을 합쳐서 에게 문명이라고 부릅니다. 이 문명이 한 순간에 몰락해버리는 것이 BCE 1100년경입니다. 그 원인이 북방 이민족의 침입인지, 해적의 약탈인지, 자연재해인지, 아니면 이 모든 것의 복합작용인지 정확하게 말하기 어렵습니다. 그 후 300년 정도의 그리스 암흑시대Greek Dark Ages가 지나고 나서 아테네, 스파르타 따위의 도시국가가 급격하게 성장합니다. 이 국가들을 BCE 4세기경 알렉산더대왕이 통일하고, 알렉산더대왕이 차지했던 영

토를 다시 로마가 빼앗아가는 것이 BCE 2세기경입니다. 에게해 주변이 이렇게 복잡다단했던 기간 내내 전혀 변하지 않은 것이 있습니다. 크레타 사람(BCE 3000), 미케네 사람(BCE 1600), 아테네 사람(BCE 800), 알렉산더대왕의 본국인 마케도니아 사람(BCE 300), 로마 사람(BCE 100), 누가 그 방향을 바라보더라도 지중해의 남쪽 끝엔 '학 천 년 거북 만 년' 하는 말처럼 이집트가 버티고 있었습니다.

풀

이곳에는 웅장함과 품위가 있었습니다. 이집트 문명을 웅장하다고 말할 수 있는 근거는 돌에 있습니다. 피라미드, 각종 신전, 스핑크스 등 종교적 의미를 가진 유적에서부터 나일강의 수위를 측정하기 위해 만든 나일로미터Nilometer

이집트 카이로에 있는 나일로미터. 가운데 돌기둥이 물높이를 재는 눈금자의 역할을 한다. 다년간 축적된 데이터와 비교하여 수위가 너무 낮으면 기근을, 수위가 너무 높으면 이익보다 피해가 큰 대홍수를 예상할 수 있었다. 적당한 수위를 통해 예상된 적당한 홍수는 곧 풍년으로 이어졌다.

등의 실용적 건축물까지 모두 단단한 돌로 만들어졌기 때문입니다.

참고로 이집트의 백 수십 개 피라미드 중 콜로세움보다 키가 큰 것만 세어도 15개 이상이었습니다. 그렇다면 이 문명을 품위 있게 혹은 교양 있게 만든 것은 무엇이었을까요? 바로 부드러운 풀이었습니다. 가장 대표적인 것은 파피루스와 플랙스입니다.

파피루스^{Papyrus}는 나일강 주변에 무성히 자라는 식물입니다. 특이하게 도 줄기의 단면이 삼각형 모양인 이 식물은 4미터가 넘게 자라는데 고대 이집트인들은 이를 거두어다가 바닥 깔개를 비롯해서 광주리, 샌들, 밧줄 등 온갖 생활용품을 만들었습니다. 연료로 사용하기도 했고, 사탕수수처 럼 단맛이 나는 속살을 먹기도 했으며, 심지어는 배로 만들어 타고 다니기 도 했습니다. 그리고 잘 알려진 바와 같이 원시적인 종이의 재료입니다.

완성된 파피루스 종이

강가에서 자라는 파피루스 파피루스 줄기의 단면은 삼각형이다.

만드는 방법은 비교적 간단합니다. 먼저 단단한 녹색 껍질을 벗겨내고, 부드러운 속을 칼을 이용해 포를 뜹니다. 그리고 각각의 포를 밀대로 밀어 아주 얇게 만든 후 물에 담갔다가 가로세로 엮어 무거운 돌로 압착하면 서로 엉겨 붙어 종이 모양이 됩니다. 이것을 햇볕에 널어 말린 것이 이집트의 종이이고, 식물의 이름 그대로 파피루스라고 부른 것이지요. 완성된 파피루스를 불빛에 비춰보면 얇은 포가 흡사 체크무늬처럼 겹쳐 있는 것이 보입니다. 분명히 종이인데 왜 원시적인 형태의 종이라고 하는지 이해할 수 있습니다.

또 다른 풀 플랙스Flax는 섬세하고 키가 크지 않은 식물입니다. 다 자라도 1미터 남짓밖에 되지 않습니다. 우리말로는 '아마亞麻'라고 부르는데, '아시아의 마'라는 뜻입니다. 보라색 꽃이 예뻐 관상용으로 기르기도 하고, 갈색 씨를 거두어 기름을 짜서 먹기도 합니다. 그런데 고대 이집트 사람들에겐 식용이나 관상용보다 더 중요한 쓰임새가 있었습니다. 바로 의복입니다. 이번에는 플랙스가 옷이 되는 과정을 살펴보겠습니다.

부드러운 속을 칼로 포 뜨는 모습

밀대로 밀어 얇게 만들기

물에 담그기

가로세로 엮기

파피루스를 불빛에 비춰본 모습

플랙스 꽃과 평야에서 건조되고 있는 플랙스

플랙스 섬유 빗질하기

빗질이 끝난 플랙스 섬유를 한데 모아놓은 모습

　먼저 다 자란 플랙스를 베어다가 물에 담가놓습니다. 1~2주 정도면 물속 미생물에 의해 연한 세포조직은 썩어 없어지고 섬유질만 남습니다. 축축하고 부드러운 이것을 세척해서 건조시킨 다음 한 주먹씩 손에 쥐고 닥치는 대로 꺾고 때려 다시 부드러워지게 만듭니다. 이제 한 줄로 박아놓은 못을 이용해 줄기에 뭉쳐 있던 섬유가 한 올 한 올 섬세하게 분리될 때까지 빗질합니다. 왼쪽 사진은 빗질이 끝난 섬유를 한데 모아놓은 모습입니다. 흡사 사람의 머리칼처럼 보이기 때문에 유럽에서는 플랙스 섬유를 '금발머리'라는 별명으로 부르기도 했습니다. 손질이 끝난 섬유를 재료 삼아 물레로 실을 잣고 베틀로 직조하면 '리넨Linen'이라는 천이 됩니다. 그렇다면 고대 이집트에서는 이 직물로 어떤 옷을 만들었을까요?

풀로 만든 옷

우선 가장 단순한 형태의 옷인 로인클로스Loincloth가 있습니다. 보통 '요의'라고 부르는데, 두 명칭 모두 어렵기는 마찬가지입니다. 역사를 돌아볼 때 곤란한 점 한 가지는 낯선 단어와의 조우입니다. 물건이나 제도, 풍습 등 현대생활에서 경험할 수 없는 것들이기에 그에 해당하는 단어가 낯설 수밖에 없고, 단어를 통해 연상되는 것 또한 없으니 이해하기도 어렵지요. 로인Loin이 허리를 뜻하는 말이니 로인클로스는 '허리 옷'이라고 할 수 있습니다. '허리 요腰'에 '옷 의衣'를 사용하니 한자어 요의를 풀어봐도 의미는 같습니다. 사실 로인은 자주 사용하는 말입니다. 스테이크를 파는 레스토랑 메뉴판에 줄지어 등장하는 것을 볼 수 있습니다. 설로인Sirloin,* 텐더로인Tenderloin, 탑설로인Top Sirloin, 바텀설로인Bottom Sirloin 등모두 소의 허리 부위 고기를 가지고 요리한 것들입니다.

　로인클로스는 문자 그대로 허리를 감는 단순한 옷으로 주로 남자가 입었습니다. 몸에 맞는 형태로 재단하여 입기도 했고 한 장의 긴 리넨으로 가랑이 사이를 통과시킨 후 허리에 둘러 오늘날의 팬티처럼 입기도 했습니다.

---

* 　쇠고기 가운데 허리 고기 윗부분의 이름. 맛이 가장 좋기 때문에 영국에서 경칭 '서(sir)'를 붙였으며, 스테이크나 전골 요리에 쓴다.

이집트 사람들이 입었던 다양한 모양의 로인클로스

위 그림은 이집트에서 입었던 다양한 모양의 로인클로스입니다. 고대 이집트 왕조의 역사는 BCE 3100년경부터 시작되었지만 이집트의 역사는 그보다 더 오래되었습니다. 긴 세월 동안 유행이 바뀌었고, 자동차 가죽시트의 표면처럼 사슴가죽 전체에 아주 섬세한 공기구멍을 뚫는 방법으로 리넨이 아닌 재료를 사용한 경우도 있었고, 입는 방법과 장식이 달라지기도 했습니다. 하지만 리넨으로 만든 로인클로스가 고대 이집트의 기본 복식이었다는 사실은 변하지 않았습니다.

여자는 더 아름다운 옷을 입었습니다. 단순히 성기와 엉덩이만 가리는 것이 아니라 몸통 전체를 감싸는 형태의 복식인 시쓰 드레스와 드레이프 드레스를 입는 것이 일반적이었습니다. 시쓰Sheath는 칼집이라는 뜻입니다. 칼집이 칼에 꼭 맞는 것처럼 몸에 밀착된 드레스를 일반적으로 시쓰 드레스Sheath dress라고 부르지요. 다음 페이지의 사진은 이집트 무덤 벽화로 두 명의 여인이 그려져 있습니다. 오른쪽이 죽은 자를 사후세계로 인도해 주는 이시스 여신이고, 그녀가 입은 옷이 바로 시쓰 드레스입니다. 신체의 굴곡이 그대로 드러나게 몸에 밀착되어 있습니다. 현대의 학자들

은 이 정도의 밀착은 예술적 과장이고, 실제 입
었던 옷은 걷는 것이 가능하도록 조금 더 여유
있었을 것으로 추정합니다. 튜브처럼 단순한 모
양의 옷을 입고 밑으로 흘러내리는 것을 방지
하기 위해 하나 혹은 두 개의 끈을 어깨에 둘
러 완성합니다. 그런데 가슴 가리는 것을 신경
쓰지는 않았습니다. 하나 혹은 두 개의 유방이
모두 드러나도 개의치 않았습니다.

네페르타리(왼쪽)와 이시스(오른쪽). 사후 세계에서 이시
스 여신이 네페르타리 왕비를 쇠똥구리 신에게 소개시키
기 위해 데려가는 모습이다.

여자의 가슴

공공연히 가슴을 내놓는 것을 어떻게 평가할
수 있을까요? 현대사회에선 너무 낯설다고 생각되지만 고대사회에선 특
별한 일이 아니었습니다. 여성의 가슴을 금기로 생각하지 않았던 대표적
인 곳은 이집트와 크레타입니다. 종교 행사나 공연을 위해 가슴을 드러
내는가 하면 일상생활에서도 가슴을 노출하는 패션을 즐겼습니다. 아프
리카의 많은 민족들도 여성의 가슴에 특별한 의미를 부여해서 '꼭 감춰
져야 하는 것'으로 여기지 않았습니다. 다큐멘터리에 자주 등장하는 나
미비아* 북쪽 내륙에 사는 힘바Himba족과 에티오피아 소수민족인 하마르
Hamar족은 아주 오래전부터 오늘날까지 자유롭게 가슴을 내놓고 다니는

---

* 아프리카 서남부 대서양 연안에 있는 나라. 남아프리카 공화국 정부의 지배를 받았으나, 1990년에 국제 연합의 후
원으로 독립 국가가 되었다. 건조지대로 소와 양을 목축하고, 다이아몬드, 구리 따위가 많이 나며, 주민은 총 인구의
50% 정도를 차지하는 오밤보족을 비롯하여 반투어를 쓰는 종족과 코이산어를 쓰는 종족으로 구성되어 있다.

힘바족

하마르족

대표적인 예입니다.

　반면 미국인에겐 가슴 노출이 대단한 이야기 거리가 되기도 합니다. 2004년 슈퍼볼 막간 공연이 펼쳐지던 중 벌어진 사건을 살펴보겠습니다. 저스틴 팀버레이크는 자넷 잭슨과 듀엣으로 〈록 유어 바디Rock your body〉(네 몸을 흔들어)를 공연하고 있었습니다. 그 노래의 가사 마지막은 이렇습니다. "이 노래가 끝날 때까지는 너를 벗기고야 말겠어(I gotta have you naked by the end of this song)." 이 부분을 부르면서 자넷 잭슨의 가슴을 가리고 있던 옷 일부분을 뜯어버렸고, 그녀의 한쪽 가슴이 0.5초 노출되었습니다. 잠깐의 정적 이후, 이 사건은 걷잡을 수 없는 파장을 불러왔습니다. 많은 미국인들은 "매우 부적절하고 선정적인 싸구려"라고 비판하며 엄한 처벌을 요구했습니다. 반면 "TV에 거의 매일 등장하는 마약흡

입, 혹은 총으로 사람 쏘는 장면보다 자넷 잭슨의 가슴이 더 해로운가?"라고 반문하며 두 가수를 옹호하는 사람도 적지 않았습니다. 이것이 의도된 쇼인가 아니면 사고인가를 두고도 의견이 분분했습니다. 명백한 사고라면 비난의 여지가 줄어들 것입니다. 물론 두 가수는 공연 다음날부터 현재까지 일관되게 사고였다고 주장하고 있지만 겉옷을 뜯었을 뿐인데 빨간색 속옷까지 몽땅 뜯겨나간 것이 우연일 수 없다고 생각하는 사람들은 의심을 거두지 않고 있습니다. 현재는 '젖꼭지 게이트Nipple gate'라는 무게감 있는 말로 이 사건을 부릅니다.

케이트 미들턴 사건은 명백하게 본인이 의도하지 않은 결과였습니다. 그녀는 2011년 영국 왕자 윌리엄과의 결혼을 앞두고 엄청난 유명세를 치렀고 단박에 상업 사진사들의 표적이 되었습니다. 2012년 프랑스 휴가 중에는 수영복 상의를 벗고 일광욕을 즐겼는데, 이 모습이 카메라에 포착되었습니다. 그 사진들은 곧 프랑스의 《클로제Closer》를 시작으로 이탈리아, 덴마크, 스웨덴 등 온 유럽의 타블로이드 잡지에 게재되었습니다. 이탈리아 잡지인 《키Chi》는 무려 50여 장에 달하는 사진을 싣기도 했습니다. 현재는 사생활 침해를 이유로 영국 왕실이 잡지사들을 상대로 수십억 원대의 소송을 진행 중입니다. 오른쪽 표지 사진에 보이는 것처럼 "La regina è nuda", 즉 "왕비가 벗었다"가 헤드라인이고, 잡지는 불티나게 팔렸습니다. 보여주고 싶어 하지 않는 남의 가슴을 몰래 찍어 돈 내고 보는 사람들이라니. 참 고상하지 못합니다.

하루 종일 가슴을 내놓고 사는 아프리카 사람들과 여자의 가슴으로 이슈를 만들어내는 사람들이 동시대를 살고 있습니다. 앞에서 "어떻게 평가할 수 있을까?"라고 물었지만 사실 개인은 사회의 규범을 따를 뿐이

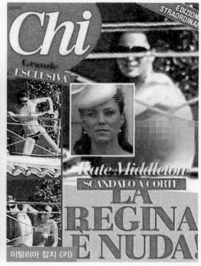

젖꼭지 게이트 / 이탈리아 잡지 《키》

므로 개인이 드러낸 혹은 가린 가슴을 평가할 필요는 없습니다. 그저 꺼내놓은 것에 대해 '미개하다', '문란하다' 감춰둔 것에 대해 '고지식하다', '답답하다' 등의 말을 사용해 낯선 것을 '낮은 것'이나 '나쁜 것'으로 폄하하지만 않으면 그것으로 충분합니다. 그렇다면 궁금한 것은 '무엇이 각 사회의 규범을 결정하는가?'입니다.

가슴 노출을 결정하는 사회문화적 요소

가장 많이 언급되는 요소는 가부장제와 종교입니다. 고대 그리스는 문화적으로 크레타 문명과 가깝지만 여성의 가슴은 가렸습니다. 아테네 여성은 여러 겹의 옷을 입어 가슴의 모양이 드러나지 않게 했고 스파르타 여성 역시 허벅지는 노출하더라도 가슴만은 꼭 가렸습니다. 역사학자들은 그리스사회에서 확고하게 자리 잡은 가부장제가 그 원인이라고 추정합니다. 남자가 사회생활을 할 동안 여자는 집안에 머물게 된 상황에서 여성의 생식능력을 상징하는 가슴을 마치 남성이 소유한 재산이나 되는 듯 남들 눈에 보이지 않도록 감추었다는 것입니다. 이 의견은 이집트와의 비교를 통해 더욱 설득력을 얻습니다. 이집트는 고대세계에서 양성평등을 가장 모범적으로 실천한 사회였습니다. 이집트 여성은 법적 주체가 되어 소송을 할 수 있었고, 자기 이름으로 아이를 입양할 수도 있었으며, 재산도 자기 의지로 사고팔 수 있었습니다. 반면 그리스 여성은 이와 유사한 대부분의 행동을 할 때 남성의 허락을 받아야 했지요.

가부장적 세계관에 기초한 종교의 확산은 이런 경향을 더욱 가속화했습니다. 크리스트교, 이슬람교, 모르몬교 등이 그 예입니다. 신이 남성이라고 설정되어 있고, 신을 대리하는 종교 지도자의 지위도 남성에게만 허락된 일입니다. 가정 내의 질서도 어머니가 아니라 신의 속성을 더 많이 닮은 아버지에 의해서 유지되어야 한다는 인식을 바탕으로 여성의 결정권은 긴 복도의 전등이 꺼지듯 차례대로 신속하게 사라졌습니다. 결국 옷조차 마음대로 입을 수 없는 지경에 이릅니다. 일례로 인도네시아 여성은 가슴을 가리지 않다가, 이슬람이 전파된 13세기경부터 가리기 시작했습니다.

이집트의 신은 여러 명인데 남신 못지않게 여신도 많습니다. 각 신을 모시는 사제는 같은 성이 맡는 것이 일반적이었는데, 이는 여성의 지위 향상에도 도움이 되는 일이었습니다. 고대사회의 사제는 부유한 지배계층입니다. 여신을 모시는 여사제가 존재할 수 있었던 것은 그 신이 여자로 설정되어 있었기 때문에 가능했습니다. 가슴 문제도 연관되어 있습니다. 이시스처럼 여신이 가슴을 드러낸 경우라면 그녀를 섬기는 여사제도 가슴을 드러낼 수 있습니다. 유일신이고, 그것이 남자인 종교는 여성의 권리를 약화시키고 여성의 패션도 엄격하게 만드는 경향을 보입니다. 이집트 역시 이슬람을 받아들인 이후 여성의 가슴은 철저한 금기가 되었습니다.

다른 고려 사항은 신분제도입니다. 19세기까지 인도의 여러 지역에서는 브라만, 크샤트리아 등 상위계층의 여성만 가슴을 가리는 옷을 입을 수 있었고, 그 외의 계급은 가슴을 가리는 것 자체가 허락되지 않았습니다. 이것에 불만을 느낀 하층계급 여성들이 항의를 했고 19세기 중반부터 이런 의복 차별은 점진적으로 사라지기 시작했습니다. 하지만 가장 열성적으로 항의한 여성들은 서양 선교사를 통해 크리스트교를 받아들인 사람들이었습니다. 따라서 이것이 순수한 계급투쟁인지, 종교적인 의미와 뒤섞인 투쟁인지 정확하게 말하긴 어렵습니다.

또 하나의 결정 요소는 권력자의 관점입니다. 1940년 전후로, 태국의 독재자였던 쁠랙 피분송크람Plaek Phibunsongkhram(1897~1964)이 12개 조항의 '태국 문화 명령Thai cultural mandates'을 반포합니다. 그중 열 번째가 의복에 관한 것으로 반드시 상의를 입도록 규정했습니다. 반공 친미주의자였던 그는 서양의 모델에 따라 조국의 근대화를 이루어야 한다고 생각했습니다. 당연히 상의를

전통 복장을 입은 타이 여성 1900년경

벗은 자기 민족의 전통 복장을 미개한 것으로 간주했지요. 그 후 거리에서 가슴을 드러낸 타이 여성을 다시는 볼 수 없게 되었습니다.

마지막으로 기후입니다. 높바람 쌩쌩 부는데 가슴을 꺼내놓을 여자는 없습니다.

위 설명을 바탕으로 여자가 가슴을 드러낼 수 있는 조건을 한 문장으로 간추려보면 다음과 같습니다. "따뜻한 곳이어야 하고, 정치 지도자가 맨가슴을 미개한 것으로 생각하지 않아야 하고, 맨가슴이 천한 신분의 표시가 아니고, 가부장적 종교와 가부장제가 없는 사회에 사는 여성이 가슴을 드러낼 자유를 가질 수 있다." 이 기준의 대부분을 충족시킬 수 있는 나라는 위에서 설명한 바와 같이 고대 이집트였습니다. 거기서는 벗고 싶으면 벗고, 입고 싶으면 입었습니다. 미국과 캐나다 등지에서는 여성에게 가슴을 노출할 자유를 달라고 요구하는 탑프리^{Topfree} 시위가 심심치 않게 벌어집니다. 영화배우 브루스 윌리스의 딸인 스카우트 윌리스^{Scot Willis}는 2014년 여성의 맨가슴을 검열하는 인스타그램의 정책에 항의해 상의를 벗고 뉴욕을 누볐습니다.[*] 벗을 자유를 빼앗는 사회인 겁니다. 개인을 평가하는 것은 온당치 못하지만 사회는 평가해야 합니다. 어떤 의미에선 현대의 미국이 그 옛날의 이집트보다 미개해 보입니다.

---

* <뉴욕을 걷는 스카우트 윌리스>

네페르타리

다시 이집트 옷으로 돌아오겠습니다. 앞의 28쪽에 있는 그림에서 왼쪽이 벽화의 주인공인 네페르타리 왕비이고, 그녀가 입은 옷은 드레이프 드레스입니다. 드레이프Drape는 '느슨하게 걸치다'라는 뜻입니다. 이와 같은 의복의 특징은 몸을 감싸고 있는 천이 많은 주름을 만들며 자연스럽게 아래로 흘러내리는 듯한 모습을 연출하는 것입니다. 네파르타리의 옷의 경우 어깨에 풍성한 주름이 만들어져 있고 외곽선이 넓게 퍼진 가운데 몸의 윤곽선도 잘 드러납니다. 속이 훤히 비추었다는 뜻입니다. 리넨을 잘 선별하여 아주 섬세하게 직조하면 속이 다 비칠 만큼 얇아지는데, 이것은 귀족 계층만이 입을 수 있는 고급품이었고, 서민들이 입는 옷은 두껍고 거칠었습니다.

왕비가 입은 드레이프 드레스는 현대의 드레스에 견줄 만큼 아름답습니다. 정성이 많이 들어간 듯 보이지만 이 옷은 천 한 장으로 제작된 것입니다. 여러 번 자르고 꿰매는 과정을 거쳐야만 예쁜 옷을 만들 수 있는 게 아님을 잘 보여주는 경우지요. 다음 페이지의 그림은 단순한 사각형 천이 어떻게 드레스로 바뀌는지 설명해줍니다. 한쪽, 혹은 양쪽 귀퉁이를 어깨에 걸치고 몸에 빙그르 감으면 드레스가 되고 다양한 변주도 가능합니다. 천 한 장이 여러 벌의 역할을 할 수 있는 뛰어난 실용성도 드레이프 드레스가 지닌 장점 중 하나입니다.

네페르타리와 이시스가 그려진 벽화는 지금부터 약 3300년 전의 복식에 대해 알려주는 귀중한 자료입니다. 무덤 속에 보존되지 않았다면 벌써 잊혔을 옷의 역사지요. 네파르타리의 남편은 이집트 역사상 가장 강력한 왕권을 가지고 있었던 람세스 2세입니다. 92세(90세, 96세, 99세라는

단순한 사각형 천이 어떻게 드레스로 바뀔까?

네페르타리 왕비 무덤(일부분)

설도 있습니다)까지 살면서 67년간 왕좌를 지킨, 그야말로 장수왕이기도 하지요. 충분한 권력과 시간 덕분에 그는 파라오 중 가장 많은 석상과 자손을 남겼고 아내의 무덤 역시 더없이 화려하게 꾸며줄 수 있었습니다.

소가 잔뜩 그려진 위의 벽화도 네페르타리 왕비 무덤의 일부분입니다. 모든 벽뿐만 아니라 천장에도 칠을 하고 별로 가득 채워 놓았습니다. 어쩌면 사람이 살던 집보다 더 아름다웠을지 모릅니다.

계급

지금까지 살펴본 이집트의 옷은 퍽 단순합니다. 또 하나의 특징은 리넨의 섬세함은 달랐을지 몰라도 입은 옷의 종류와 모양에 있어 평민과 왕

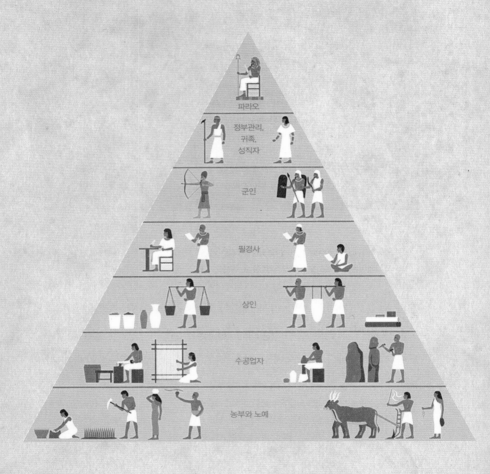

파라오

정부관리,
귀족,
성직자

군인

필경사

상인

수공업자

농부와 노예

족의 차이가 크지 않았다는 데 있습니다. 그렇지만 모두 알고 있는 바와 같이 이집트는 엄격한 계급사회였습니다. 그들이 열심히 건축하던 피라미드와 꼭 닮은 사회구조를 수천 년간 유지했지요.

최하층에 있던 농부들은 경작하고 있는 땅의 크기에 따라 세금을 내야 했습니다. 요즘 표현으로 유리지갑을 가지고 있었던 겁니다. 키우고 있는 소, 나일강에서 잡은 물고기, 부엌에서 사용하는 식용유까지 세금 부과의 대상이었고, 장례를 치를 때도 세금을 내야 했습니다. 아주 심한 경우에는 수입의 60퍼센트까지 부과되었다고 하니, 정말 지독합니다. 참고로 다음해 세율을 결정할 때 나일로미터에 표시된 수위가 중요한 기준이 되었다고 합니다. 풍년이 예상될 경우 세율을 왕창 올리는 것이지요. 이렇게 모인 재화는 물을 것도 없이 높은 계급의 사람들이 사용했습니다.

다음 사진은 팩토럴이라는 것입니다. 현대사회에서는 착용하지 않는 과장된 장신구입니다. 팩토럴Pectoral이란 '가슴의'라는 뜻입니다. 사람의 가슴 근육을 팩토럴 머슬Pectoral muscle이라 하고, 물고기의 가슴지느러미를 팩토럴 핀Pectoral fin이라고 하지요. 가슴에 다는 장신구이기 때문에 팩토럴이라는 이름을 얻게 되었습니다.

투탕카멘의 무덤에서 발견된 이 팩토럴을 조금 더 구체적으로 뜯어보겠습니다. 우주의 운행, 영원, 탄생 등을 의미하는 신성한 쇠똥구리가 한가운데 있습니다. 독수리 날개가 그 밑에 깔려 있는데, 독수리의 양발은 무한을 뜻하는

이집트 제18왕조의 파라오 투탕카멘
무덤에서 발굴한 팩토럴(카이로, 이집트 박물관)

상형문자 쉔^{Shen}을 꼭 쥐고 있습니다.

양옆으로 오른쪽에는 연꽃다발, 왼쪽에는 백합
이 있습니다. 둘 다 상이집트[*]를 상징합니다. 더
바깥에는 권력, 통치 등을 상징하는 코브라가 있
고, 하이집트^{**}를 상징하는 커다란 파피루스 화환
이 제일 아래 있습니다. 다시 가운데로 돌아와서,
쇠똥구리는 앞발로 가느다란 배^船를 떠받치고 있

는데, 그 안에 보호, 치료, 희생을 상징하는 호루스의 눈이
타고 있습니다. 그 위로 달과 별이 있고, 양옆에 있는 신의 호위를 받고
있는 가운데 인물이 파라오입니다.

모든 구성요소가 한데 어우러진 균형미가 놀랍습니다. 천연광물로 완
성한 색의 조화 또한 놀랍습니다. 이 정도의 완성도를 가진 장신구를 약
3,400년 전에 만들 수 있었다는 것이 가장 놀랍습니다.

팩토럴뿐만 아니라 왕관, 반지, 팔찌, 목걸이 등 고대 이집트의 유물은
매우 화려하고 제작 기술 또한 빼어납니다. 금과 보석이 재료의 대부분
이어서 당연히 고가이고, 따라서 오직 최상위계층만 착용할 수 있었습
니다. 비슷한 옷을 입었다고 하더라도 치장을 통해 엄격한 계급사회임을
선명히 드러낸 것이지요.

다른 고대사회와 비교할 때 유독 이집트에서 이런 격차가 크게 나타

---

* 　상이집트(Upper Egypt, 上이집트)는 이집트의 지역을 일컫는 이름이다. 나일강 삼각주와 누비아 사이의 지대를
지칭한다. 이집트 초기 왕조 시대에는 이곳에 왕조가 들어서서 하이집트의 왕조와 패권을 다투었다.

** 　하이집트(Lower Egypt, 下이집트)는 이집트의 지역을 일컫는 이름이다. 현재의 카이로 남부부터 지중해까지의
나일강 삼각주 지대를 지칭한다. 카이로 남쪽 나일강 하곡의 상이집트와 함께 고대 이집트를 구성하는 양대 지역이
었다. 중간기에는 상이집트와 하이집트에 각각의 왕조가 분권하여 패권을 다투는 경우도 있었다.

났습니다. 왕이 신이고 신이 곧 왕이어서 그랬을까요? 납세자의 입장에서는 신정일치가 꼭 환영할 만한 일은 아닌 모양입니다.

연결고리_ 페리조마에 관한 소수의견

인류가 입었던 옷 중 가장 단순한 로인클로스. 사실 무엇을 가지고도, 아무렇게나 만들어도 다 로인클로스가 됩니다. 그리스 말로는 페리조마^{Perizoma}라고 합니다.

러디어드 키플링^{Rudyard Kipling*}에게 노벨문학상을 안겨준 『정글북^{The Jungle Book}』에서는 모글리가 입었고, 연필깎이 장사꾼 출신의 대중소설가 에드거 버로스^{Edgar Rice Burroughs**}의 『유인원 타잔^{Tarzan of the Apes}』에서는 타잔이 입었습니다. 모글리는 늑대 무리 중 하나였고, 타잔은 '망가니^{Mangani}'라 불리는 가상의 영장류 동물의 손에 길러졌습니다. 문명에서 가장 먼 장소에서의 삶, 그 상징으로 로인클로스가 사용된 것이지요.

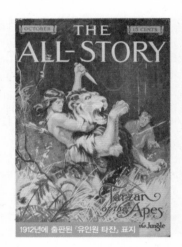

1912년에 출판된 '유인원 타잔' 표지

문명 한가운데 있었으면서도 페리조마만 입은 모습으로 대중에게 각인된 사람, 혹은 신은 예수입니다. 한 조각 옷을 입고 십자가에 못 박힌 그의 모습은 그림으로, 조각으로, 목걸이로, 기념품으로 정말 많이도 복제되었습니다. 그런데 한 가지 의문이 듭니다. '사형수의 치부를 가려줄 만큼 로마는 관대했을까?' 일반적인 십자가형에서 죄수는 발가벗겨집니다. 그 수치도 처벌의 일부이기 때문입니다. 예수가 특혜를 받았다는 기록이 없고, 로마병정들이 그의 옷과

---

* 영국의 소설가·시인(1865~1936). 주로 인도의 생활을 제재로 한 제국주의적인 작품을 썼다. 1907년에 노벨문학상을 받았으며, 작품에 시집 『다섯 국가』, 『병영의 노래』, 소설 『정글 북』 등이 있다.

** 미국의 소설가(1875~1950). 통속적인 작품을 많이 발표하였는데, 초인적 인물인 타잔의 활약상을 그린 연작물이 유명하다. 작품에 『유인원 타잔』, 『타잔의 귀환』 등이 있다.

속옷을 차지하기 위해 제비뽑기를 했다고 성경이 적고 있기 때문에 그는 나체였던 것으로 추정할 수 있습니다.

> "군인들이 예수를 십자가에 못 박고 그의 옷을 취하여 네 깃에 나눠 각각 한 깃씩 얻고 속옷도 취하니…" 〈요한복음 19:23〉

미켈란젤로의 〈십자가상〉
(1492년경, 성령대성당, 피렌체)

하지만 예술가들은 십자가상을 그리거나 조각할 때 예수를 나체로 표현하지 않았습니다. 그가 최소한 페리조마라도 걸치고 있었다고 믿었거나, 신의 나신을 그리는 것이 불경하다고 스스로 판단했거나, 보수적인 종교지도자들이 자신의 작품을 사주길 희망하면서 최대한 경건하게 표현하려고 노력한 것입니다. 이 모습이 지속적으로 복제되어 왔기 때문에 현대에 보는 예수도 어김없이 페리조마를 걸치고 있습니다.

이 부분에서 17살의 천재 미켈란젤로는 달랐습니다. 그는 수녀원이 운영하는 병원에서 실려 오는 시신으로 해부학을 공부하면서, 그렇게 할 수 있도록 허락해준 교회를 위해 나무 조각 작품을 제작해주었습니다. 아무것도 걸치지 않은 십자가상이었습니다. 르네상스 예술의 핵심 주제인 크리스트교, 그중에서도 주인공이라 할 수 있는 예수를 표현하는 방식에 소수의견을 제시한 겁니다.

이 용감한 표현 방식은 성경에 근거했기 때문에 경건하다고 평가해야 할까요? 아니면 같은 이유로 불경스런 걸까요?

유럽의 기원

_그리스

하계와 동계, 2년에 한 번씩 올림픽이 열릴 때면 어김없이 주목받는 나라가 있습니다. 바로 성화를 채화하는 그리스입니다. 헤라신전에서 11명의 여사제가 지중해의 햇빛과 오목거울을 이용해 불을 만들면(채화) 몇 달에 걸쳐 이것을 운반하고(봉송) 올림픽이 열리는 주경기장에 옮겨 붙입니다(점화). 프로메테우스가 인간에게 불을 가져다준 과정을 상징적으로 재현한 것입니다. 고대 그리스인이 만들어낸 신화가 인류 전체에게 영향을 끼친 것처럼, 고대 그리스인이 입었던 옷 역시 지중해 전역에 영향을 미쳤습니다.

고대 그리스의 경제와 정치

이번엔 이집트에서 지중해를 가르고 북서쪽으로 가겠습니다. 이탈리아와 터키 사이에 발칸반도가 있고 그 최남단에 그리스가 자리 잡고 있습니다. 참고로 터키는 고대 페르시아 제국의 영토였습니다.

그리스 암흑시대(BCE 1100~800)가 지나간 후 여러 도시 국가가 다시 활

기를 찾기 시작했는데 그들이 유독 뛰어
났던 분야는 해상무역이었습니다. 배를 타
고 나가면 모든 방향에 무역 상대가 있
었으니 당연한 결과라고 할 수 있겠지만
더 근본적인 이유는 그리스의 지리적 특
성에 있었습니다. 나일강의 축복으로 농
사의 천국이었던 이집트에선 밀과 보리가

풍성하게 자랐습니다. 하지만 건조하고 척박한 데다가 국토의 80퍼센트
가 바위산인 그리스에선 기껏해야 포도나 올리브 등의 과실수를 재배했
습니다. 밀과 보리는 주식인데 반해 포도와 올리브는 부식일 뿐입니다.
생존하려면 장사를 통해 밀을 확보해야 했습니다. 팔 수 있는 건 과일인
데, 수확하자마자 상해버리니 그냥 내다팔 수는 없습니다. 그래서 포도
는 술을 담그고, 올리브는 기름을 짜서 썩지 않는 형태로 가공해서 팔았
습니다. 이것만으론 부족하니 무기나 도자기 등의 공산품도 만들어서 팔
았습니다. 그래도 부족할 땐 몸 자체를 이용했습니다. 이집트나 아시아의
선진국에 가서 돈을 받고 군인으로 일하는 용병傭兵살이를 한 것입니다.
이도 저도 안 될 땐 해적질을 했습니다.

그것이 장사든, 용병살이든, 해적질이든 모두 여행이 바탕이 된 삶의 방
식이라는 공통점이 있습니다. 결과적으로 지중해 곳곳을 속속들이 알 수
있었지요. 살기 좋은 곳을 발견하면 그곳에 정착해 새로운 도시를 만들었
습니다. 이렇게 해서 그리스의 정체성을 가진 약 500여 개의 도시가 지중해
와 흑해 연안을 따라 점점이 자리 잡았습니다. 다음 지도는 BCE 800년
에서 550년 사이 그리스의 영향력 아래에 있던 지역을 표시한 것입니다.

그리스의 영향력 아래에 있던 지역들(BCE 800~550)

● 그리스 본토
● 그리스의 영향을 받은 지역
⌒ 그리스 주요 교역로

그리스의 영향력 아래에 있던 지역들(BCE 800~550)

지중해의 북쪽 절반과 흑해까지 모두 포함되어 있습니다. 타국은 물론 자국의 새로 생긴 도시까지 무역 상대에 추가되니 해상무역은 점점 더 활발해질 수밖에 없습니다. 그리스 남부의 코린스Corinth 지방에는 그 당시 해상무역이 얼마나 활발했는지를 보여주는 특이한 유적이 있습니다. 이름은 디올코스Diolkos이고 길이가 약 6킬로미터인 이 길 위로 배가 다녔습니다. 배를 싣고 다닌 길이라 해서 '선가船架'라고 부릅니다.

우리나라처럼 동·서·남쪽이 바다인 반도의 경우 동쪽 바다에 있는 배가 서쪽 바다로 가려면 남쪽 끝까지 돌아 먼 길을 항해해야 합니다. 이 시간을 단축하기 위해 국토에서 동서의 폭이 가장 좁은 곳에 양방향을 가로지르는 돌길을 놓은 것이지요. BCE 600년경으로 추정됩니다.

그런데 어떻게 이 위를 다녔을까요? 다음 페이지의 오른쪽 사진을 보면 기찻길처럼 두 줄로 홈이 파여 있습니다. 이 홈의 폭에 맞추어 8개의 바퀴가 달린 마차를 제작해서 그 위에 배를 싣고 다녔습니다. 그 아래

디올코스의 위치

디올코스

디올코스

사진은 디올코스에 대한 다큐멘터리의 한 장면인데, 배를 끌고 가는 사람들의 모습을 잘 보여줍니다. 고되지만 땅 위로 배를 끌어서라도 항해 시간을 단축시켜야 했을 만큼 고대 그리스인의 삶에서는 신속하고 원활한 해상무역이 중요했다는 뜻입니다.

이렇게 열심히 장사한 덕에 상인들을 필두로 많은 평민들이 부를 축적할 수 있었습니다. 그리고 그 부를 바탕으로 병역이라는 국민의 의무를 수행하지요. 돈을 벌어서 군대에 가다니요? 요즘 같으면 어림없는 일이지만, 그때의 상황을 이해하면 수긍할 수 있습니다. 당시에는 무기를 자비로 구비해야 했기 때문에 부유한 사람만 군대에 갈 수 있었거든요.

재산도 넉넉하고, 나라를 지키는 의무도 맡고 있으니, 이제 나라의 중대사를 결정할 수 있는 권리를 달라고 평민들이 목소리를 높이기 시작합니다. 그동안 정치적 특권 계층이었던 귀족은 더 이상 이들의 요구를 묵살할 수 없었습니다. 이것이 바로 고대 그리스에서 민주정치가 싹트게 된 배경입니다. 왕이나 소수의 귀족이 백성을 지배하는 게 아니라 토론과 다수결을 통해 백성 스스로 통치하는 새로운 정치체제가 등장한 것이지요. 우리가 알고 있는 민주주의의 시작입니다.

고대 그리스의 국방력

좀 더 구체적으로 말하면 그리스의 수많은 도시국가 중 민주주의의 시초로 꼽을 수 있는 곳은 아테네입니다. 그런데 아테네는 왜 아테네일까요? 도시 이름에 관한 신화 속 사연은 이렇습니다.

한 도시가 수호신을 찾고 있다는 소식에 아테나와 포세이돈이 냉큼 달려옵니다. 그 도시의 왕이 누구를 택해야 할지 고민하고 있는 사이 두 신은 서로 자기가 적격이라며 으르렁거립니다. 그러다 아테나가 백성에게 더 이로운 선물을 주는 쪽이 수호신이 되자고 제안합니다. 모두의 이목이 집중된 상황, 먼저 포세이돈이 삼지창으로 바위를 쩍 가르니 물이 콸콸 쏟아져 나옵니다. 건조한 땅에 사는 백성들이기에 크게 기뻐했습니다. 이번에는 아테나의 차례입니다. 땅에 씨앗을 심으니 순식간에 울퉁불퉁 못생긴 올리브 나무가 솟아오릅니다. 귀한 기름을 짤 수 있으니 역시 백성들이 만족합니다. 그런데 그 자리에 있던 모든 사람이 망설임 없이 아테나를 수호신으로 선택했습니다. 바위에서 솟아난 물은 마실 수도, 농사를 지을 수도 없는 소금물이었기 때문입니다. 바다의 신이라서 바닷물을 주다니, 참으로 답답한 포세이돈입니다.

그렇게 이름을 얻었고, 민주주의도 시작했고, 해상무역도 여전히 활발합니다. 모든 것이 좋았지만 단 한 가지 해결하지 못한 것이 있었습니다. 거대하고 강력한 이웃나라 페르시아제국입니다. 그리스 도시국가의 대장 격인 아테네는 때로는 단독으로 때로는 연합군을 구성해 페르시아와 수차례 전쟁을 치르게 됩니다. 이번엔 신화가 아니라 죽거나 사는 현실의 문제입니다. 지난날, 서로의 신전을 불태우면서 쌓인 해묵은 앙금이 있었고, 영토 확장의 측면에서 서로가 방해가 되었고, 지중해 무역을 독차지하려는 욕심이 양측 모두에게 있었기 때문에 싸울 수밖에 없었습니다.

결국 페르시아의 다리우스대왕(BCE 550~486)이 그리스로 정벌군을 보냅니다(BCE 492). 그런데 폭풍에 휩쓸려 300여 척의 배와 2만여 명의 군사를 잃고 맥없이 돌아옵니다. 분한 마음에 사신을 보내 항복하라고 했더니 아테네와 스파르타는 사신을 죽이는 것으로 답을 대신합니다. 다시 그리스를 정벌하라고 600여 척의 배를 보냈더니 아테네에서 약 40킬로미터 거리에 있는 마라톤 평원에서 대패하여 돌아옵니다(BCE 490). "아테네만 꺾었더라면 그리스 전체를 손에 넣을 수 있었을 텐데…." 평생의 소원을 이루지 못하고 다리우스가 눈을 감자, 크세르크세스(BCE 518~465)대왕이 아버지의 뒤를 이어 또 다시 그리스로 향합니다(BCE 480). 이번에는 왕이 직접 출정했고 전함도 1,200여 척이나 끌고 왔습니다. 그런데 또 집니다. 전쟁 초반에는 아테네를 점령하여 도시를 불사르는 데까지는 성공했습니다. 하지만 피신해 있던 아테네 사람들과 연합군에게 살라미스 해전에서 패하면서 판세가 기울었고, 결국 크세르크세스가 철수를 결정합니다.

페르시아 군대는 매번 수적으로 우세했습니다. 예를 들어, 마라톤전투의 경우 아테네 군은 겨우 10,000여 명이었고 페르시아 군은 약 26,000의 전투병과 무려 10만의 지원군이 있었습니다. 그럼에도 불구하고 패배하고 말았습니다. 정말 답답한 페르시아 군대입니다.

크세르크세스가 남기고 간 잔당까지 모두 소탕한 해가 BCE 478년이고 이때를 그리스의 전성기가 시작된 시점으로 평가합니다. 발달한 경제와 정치는 물론 강대국 페르시아를 상대로 자주국방이 가능하다는 것도 확인했으니 모든 조건이 갖춰진 셈입니다. 이제 문화의 꽃이 만개할 일만 남았습니다.

고대 그리스의 문화

전성기를 전후로 그리스 사회에서 괄목할 만한 문화 발전이 이루어졌는데 그 근간은 철학의 발전이었습니다. BCE 469년, 아테네에서 태어난 소크라테스Socrates*가 철학자로 이름을 날렸고, 그의 제자인 플라톤Platon**도 스승 못지않은 업적을 남겼으며, 또 그의 제자인 아리스토텔레스Aristoteles*** 역시 세세에 길이 남을 철학적, 과학적 위업을 이룩했습니

---

* 상대방이 믿고 있는 사실이나 통념에 의문을 던짐으로써 '정말 그럴까' 하는 탐색의 길을 열어주고, 문답을 통해 자신의 무지를 깨닫게 하는 '산파술'로 유명하다. 시민의 도덕의식을 개혁하는 일에 힘썼지만, 신(神)을 모독하고 청년들을 타락시킨다는 혐의를 받고 감옥에서 독배(毒杯)를 마시고 죽었다.

** 소크라테스의 제자로 아카데메이아를 개설하여 생애를 교육에 바쳤다. 초월적인 이데아가 참실재(實在)라고 한 <이데아론>을 전개하여 서양 철학의 관념론을 지탱하는 뿌리가 되었다고 평가된다. 철학자가 통치하는 이상 국가를 주장한 것으로 유명하며, 저서로『소크라테스의 변명』,『향연』,『국가』등이 있다.

*** 고대에서 최대의 학문적 체계를 세웠으며, 중세 스콜라 철학을 비롯하여 후세의 학문에 큰 영향을 주었다. 플라톤이 기하학을 중시한 반면 아리스토텔레스는 생물학을 중시하면서 현실에 눈을 돌렸다. 스승 플라톤이 내면을 강조하여 밖으로 향하는 감각을 모멸하고 이성과 영혼의 소리에 모든 것을 걸었다면, 제자 아리스토텔레스는 외향

다. 청출어람의 연속이었죠. 철학의 발달과 맞물려 자연과학도 함께 성장했습니다. 철학자이자 수학자이며 종교가였던 피타고라스^{Pythagoras}, 의학의 아버지로 추앙받는 히포크라테스^{Hippocrates}, 기하학을 집대성한 유클리드^{Euclid}, "유레카^{Eureka}"로 유명한 발명가 아르키메데스^{Archimedes}도 그리스 사람이었습니다. 그런데 이들은 오늘날처럼 문과니 이과니 하는 구분 없이 모든 분야를 아우르며 공부했습니다. 그야말로 '통섭'의 시대였지요. 철학자 플라톤은 자신이 세운 아카데메이아$^{Acade-meia}$ 입구에 "기하학을 모르는 자는 들어오지 말라"고 써 붙였을 만큼 수학적 사고를 강조했고, 아리스토텔레스는 해양 생물의 생태를 꾸준히 연구한 것으로 유명합니다.

　체육 분야도 발전했습니다. 모두 알고 있듯이 당시의 그리스는 올림픽을 여는 유일한 나라였습니다. 초창기의 올림픽은 오직 한 종목, 단거리 달리기만 겨루는 조금은 심심한 대회였는데, 시간이 흐르면서 인기도 높아지고 종목도 많이 추가되었습니다. 레슬링, 복싱, 이 둘을 합친 판크라티온^{Pankration*} 등의 격투기 종목, 원반던지기, 창던지기, 멀리뛰기 등의 육상 종목, 거기에 마차경주까지 더해져 종합체육대회로 발전한 것입니다. 물론 현대의 올림픽과는 많은 차이가 있었습니다. 가령 그리스 말을 하는 사람만 참가할 수 있다거나 너무 과격해서 경기 중에 죽는 사람이 속출했다는 것 등이지요. 판크라티온 선수였던 아라키온의 일화는 그 당

적이며 지칠 줄 모르는 호기심으로 경험의 영역을 개발했다. 르네상스 시대의 화가 라파엘로가 그린 <아테네 학당>에는 손가락으로 하늘을 가리키는 플라톤과 땅을 가리키는 아리스토텔레스가 나오는데, 이는 두 사람이 각각 천상적인 것과 지상적인 것에 관심을 두었음을 보여준다. 저서로 『형이상학』, 『오르가논』, 『자연학』, 『시학』, 『정치학』 등이 있다.

* 　고대 올림픽에서 맨손으로 하던 투기(鬪技)이다. 레슬링과 복싱을 혼합한 것으로 치거나 손발을 비틀거나 조르기 따위는 허용되었으나 물거나 눈을 후비는 일 따위는 금지되었다. 한쪽이 항복할 때까지 계속했다.

판크라티온 경기

시 올림픽의 과격함을 잘 보여줍니다. 결승전에 나서게 된 아라키온은 한창 혈투 중에 상대 선수에게 목을 제압당합니다. 뒤에서 거세게 목을 졸라오는데, 빠져나올 방법이 없으니 아라키온은 손에 잡히는 대로 상대 선수의 발가락을 냅다 부러뜨립니다. 고통을 더는 견딜 수 없었던 상대 선수가 어쩔 수 없이 항복하지만, 그와 동시에 아라키온도 질식사하지요. 결국 심판은 우승의 상징인 야생 올리브 나무 가지로 엮은 관을 아라키온의 시신에게 씌워주었습니다. 위의 사진은 BCE 490년경 제작된 그리스 도자기로 판크라티온 경기 장면을 자세히 묘사했습니다. 낮은 자세로 겨루고 있는 두 선수 중, 오른쪽 선수가 상대 선수의 눈을 공격하는 반칙을 범하자 심판이 회초리로 그 선수를 내려치려는 순간입니다.

이 도자기를 통해 알 수 있는 몇 가지 사실이 있습니다. 우선, 고대 올림픽이 과격하기는 했지만 경기 규칙과 심판이 있는 체계적인 대회였다는 점입니다. 그리고 이 도자기는 이탈리아에서 발견된 것입니다. 주요 수출품인 도자기에 운동경기 모습을 새겨놓을 만큼 체육활동을 중요하게 생각했다는 의미입니다. 뿐만 아니라 복식에 관한 중요한 정보도 찾을 수 있습니다. 우선 남자 선수들이 옷을 벗고 경기했으니, 남자는 신체를 드러내는 데 큰 거부감이 없었다는 점을 알 수 있고, 다음으로 심판이 입은 옷에 풍성한 주름이 자연스럽게 아래로 흘러내리고 있으니 드레이프 드레스를 입었다는 것도 확인할 수 있습니다.

미의 여신과 추인의 절망

철학, 자연과학, 체육만 발전했을까요? 예술 역시 기술적으로 또 미적으로 눈부시게 발전했습니다. 고대 그리스 예술에서 가장 대표적인 분야는 조각입니다. 당시의 조각상은 지금의 기준으로 보아도 거의 완벽하다고 할 수 있을 만큼 인체를 자연스럽게 모사하고 있습니다. 오른쪽 위 사진은 유명한 〈밀로의 비너스〉입니다. 그리스 식으로는 〈밀로의 아프로디테〉라고 합니다. 하나의 대상을 두 가지 언어로 부르다 보니 알려진 이름도 두 가지인 것입니다. 밀로는 이 조각상이 발견된 섬 이름입니다. 어떤 언어로 부르든 서울은 서울인 것처럼 밀로라는 지명은 그대로입니다. 이제 여신상을 자세히 살펴보겠습니다. 쌍꺼풀이 있는 큰 눈, 날렵하고 높은 콧날, 예쁘게 통통한 볼과 야무진 입술을 가진 미인의 얼굴이네요. 몸은 마르지도 비만하지도 않습니다. 균형이 잘 잡혀 있을 뿐만 아니라 단련된

밀로의 비너스

거울 보는 비너스(페테르 파울 루벤스 작, 1614)

근육을 드러내고 있어서 건강미도 느껴집니다. 이 조각상은 BCE 130년 경에 만들어졌지만 오늘의 눈으로 보아도 여전히 아름답습니다. 그래서 세계에서 가장 큰 성형외과 의사회^{American Society of Plastic Surgeons}가 이 비너스 상을 자신들의 상징으로 사용하기도 했습니다.

앞 페이지의 아래 그림은 1614년 그려진 루벤스^{Peter Paul Rubens*}의 〈거울 보는 비너스〉입니다. 쫙 벌어진 등과 묵직한 엉덩이, 충분히 비만이라고 할 만한 몸매를 가졌네요. 당시의 미의 기준이 고대 그리스와 비교해서 많이 여유로워졌다는 것을 알 수 있습니다. 두 비너스 모두 현대를 방문하면 어떻게 될까요? 미의 여신으로 태어났으나 빅토리아 시크릿^{Victoria's Secret**}의 모델이 될 수는 없을 것 같습니다.

미의 기준은 시대와 장소에 따라 달라집니다. 풍성한 몸매를 선호하기도 하고 마른 몸을 좋아하기도 합니다. 흰 피부의 창백함을 예쁘다고 말하는가 하면 검은 피부의 건강미를 더 높게 평가하기도 합니다. 그러나 그 대상이 남자든 여자든 미인, 즉 아름다운 인간을 찬양하는 풍습만큼은 전혀 변하지 않았습니다. 미인이 찬양받는 이유로 우수한 유전자를 향한 열망의 결과라는 진화생물학의 설명이 널리 받아들여지고 있습니다. 그것이 정답이라고 말할 수는 없지만, 아직까지 그보다 나은 해석이 제시되지는 않았습니다. 그렇다면, 미인은 실생활에서 얼마나 많은 이익을 얻을까요?^{***}

---

[*]   플랑드르의 화가(1577~1640). 바로크 미술의 대표적 작가로 대담한 명암 표현과 생동적·관능적 표현에 능했다. 작품에 <야경꾼>, <마리 드 메디시스의 생애>, <비너스와 아도니스> 등이 있다.

^{**}   미국 최대의 란제리 회사이다. 1977년 로이 레이먼드가 설립했는데 수천 개의 미국 매장에서 웹사이트를 통해 란제리, 여성복, 미용제품을 판매한다.

^{***}   http://www.businessinsider.com/studies-show-the-advantages-of-being-beautiful-2013-6

1. 미인은 그렇지 않은 사람보다 더 건강하다고 평가됩니다.
2. 미인은 그렇지 않은 사람보다 배우자 혹은 애인을 쉽게, 또 많이 찾을 수 있습니다.
3. 미인은 그렇지 않은 사람보다 다른 사람을 더 잘 설득합니다.
4. 미인은 그렇지 않은 사람보다 직장에서의 성과가 더 좋습니다.
5. 미인은 그렇지 않은 사람보다 정치권에서의 성과가 더 좋습니다.
6. 미인은 그렇지 않은 사람보다 더 신용 있다고 평가됩니다.
7. 미인은 같은 죄를 지어도 형량을 더 적게 받습니다.
8. 미인은 그렇지 않은 사람보다 대출을 더 많이 받습니다.
9. 미인은 그렇지 않은 사람보다 실제로도 더 건강합니다.
10. 미인은 그렇지 않은 사람보다 실제로도 더 똑똑합니다.

이 중 9번의 경우, 사실이 아니라는 결과를 찾아낸 연구도 있습니다. 10번의 경우, 미의 척도를 몸의 대칭이라고 보고, 몸의 대칭 정도와 지능의 상관관계를 본 것입니다. 다르게 해석할 여지도 충분히 있습니다. 위목록은 1~8번을 한 묶음으로, 9~10번을 다른 한 묶음으로 나눌 수 있습니다. 차이는 무엇일까요? 전자는 다른 사람과의 관계 속에서 얻는 이익이고, 후자는 타고난 이익입니다. 타고난 이익의 실체에 대해서는 아직까지 의견이 분분합니다. 그러나 타인과의 관계 속에서 미인이 얻는 이익은 실험을 통해서, 통계를 통해서, 심지어 개인의 경험에서까지 반복적으로 증명되었기에 흔들릴 수 없는 진실입니다.

미의 세계에서 주로 이용되는 사정 방식은 상대평가입니다. 평범한 사람도 미인 옆에 서면 추인으로 보인다는 말입니다. 백설공주의 계모가 그 예입니다. 남부럽지 않은 미모를 가지고 있는 그녀임에도 불구하고 마법의 거울은 이렇게 골려줍니다. "당신이 가장 아름답습니다. 하지만 백설공주가 당신보다 더 아름답습니다." 이 비교 열위劣位를 매일 상기시켜주는 바람에 계모는 결국 빨간 사과에 독을 바릅니다.

아주 어린 아이들은 이 이야기 속에서 계모의 악한 본성만을 읽어낼 것입니다. 하지만 사회생활을 경험한 어른들과 외모에 관심이 많은 청소년들은 외모 비교에서 오는 시기, 질투, 그리고 자기불만족이 얼마나 큰 고통인지를 알기에 계모에게 동정심을 느낄 수도 있을 것 같습니다. 인터넷, SNS, TV는 현대의 마법거울입니다. 나보다 키 크고, 예쁘고, 날씬한 사람이 너무나 많다는 사실을 끊임없이 상기시켜줍니다. 그 경쟁에서 한 명이라도 더 추월하기 위해 건강 악화를 무릅쓰고 독한 다이어트에 돌입합니다. 부작용의 위험을 감수하고 성형수술을 받습니다. 계모는 예쁜 상대방을 파괴하려 했던 반면 현대인은 못생긴 자신을 파괴하려 드는 것입니다. 이런 문제들을 조금이나마 해소하기 위해 각계에서 다양한 노력을 펼치고 있습니다.

바비인형이 '금발의 날씬한 백인'인 것이 문제라고 생각했기에 다양한 인종, 다양한 체형의 바비인형이 생산되었습니다. 포토샵을 이용한 가공의 미가 문제라고 생각했기에 뉴욕에 본사를 두고 있는 패션 매거진 《베를리Verily》 등은 디지털 사진 보정을 금지합니다. 〈렛미인Let美人〉과 같은 TV 프로그램이 문제라고 생각해 여성단체들이 항의를 했고, 결국 프로그램은 폐지되었습니다. 모두 미의 정형화를 방지하고 외모지상주의를 억제하려는 시도입니다.

혹자는 "사람은 본능적으로 미인을 좋아하고, 본능은 바꿀 수 없는 것인데, 이런 노력이 무슨 소용인가" 하며 웃습니다. 일리 있는 비웃음입니다. 2005년, 캐나다의 앨버타 대학은 미인을 좋아하는 인간의 본능이 얼마나 강력한지 확인하는 연구를 진행했고 충격적인 결과를 발표합니다. 연구진은 여러 자녀를 가진 부모가 쇼핑센터에서 어떻게 행동하는지 꾸준히 관찰했습니다. 제일 잘생긴 자식을 쇼핑카트에 태웠을 때, 13.3퍼센트의 부모가 안전벨트를 채워주었습니다. 그러나 그것이 제일 못생긴 자식이었을 경우에는 고작 1.2퍼센트의 부모만 안전벨트를 채워주었습니다. 부모의 고결한 자식사랑도 겨우 '잘생김'이라는 기준에 의해 좌우된다는 것을 보여준 것입니다. 그 대상이 타인이라면 더욱 심하겠지요.

하지만 사람은 사회적 동물입니다. 어쩔 수 없는 본능이라고 해서 마음대로 풀어놓는다면 사회의 일원이 될 자격을 상실합니다. 집 안에서는 발가벗고 다녀도 밖에서는 갖춰 입는 것처럼, 외모 때문에 발생하는 차별의 문제도 밖에서 더 적극적으로 대처해야 합니다. 부모가 자식을 차별하는 데 놀랄 것이 아니라, 사장이 직원을 차별하는 데 더 놀라야 한다는 뜻입니다. 부모자식은 동물적 본능의 관계이고, 사장직원은 사회적 관계이기 때문입니다. 사장들은 항변할 겁니다. 예쁜 직원이 매출을 더 많이 올리기 때문에 예쁜 직원을 뽑는 건데 이게 왜 비난 받을 일이냐고 목청을 돋울지도 모릅니다. 그런데 이런 논리는 인종차별을 극복하는 과정에서도 수없이 들은 바 있습니다. "백인 손님이 백인 직원을 좋아하는데 어떻게 흑인을 채용하느냐"라고 하는 바로 그 이야기죠.

미인을 좋아하는 인간의 본능은 고대 그리스나 지금이나 큰 차이가 없

---

* https://sites.ualberta.ca/~publicas/folio/42/16/05.html

습니다. 미래에도 비슷할 겁니다. 하지만 사회적 관계에서 그 본능을 가감 없이 드러내는 것은 줄일 수 있고, 또 그래야만 합니다. 사회 구성원 전체가 가진 재능을 온전히 활용하기 위해서라도 말입니다. 못생긴 것으로 유명한 에이브러햄 링컨Abraham Lincoln*은 '두 얼굴을 가진 정치인'이라는 정적들의 비난에 이렇게 응수했습니다. "만약 얼굴이 하나 더 있었다면, 뭐 하러 이 얼굴을 달고 다니겠소?" 스스로도 부인할 수 없을 만큼 못생겼지만 그는 존경 받는 정치 지도자가 되었습니다. 겉모습과 능력 사이에 상관관계가 없음을 보여주는 예시로서 자주 회자되는 일화입니다.

그리스의 패션

앞서 설명한 바와 같이 고대 그리스는 상상 이상으로 진보한 사회였습니다. 이집트와 아시아에서 얻어온 지식을 바탕으로 시끄럽게 떠들고, 토론하고, 싸우고, 즐기고, 여행하다 보니 문화의 발전 속도가 빨랐습니다. 복식도 그만큼 발달했을까요? 답을 먼저 말하자면 "그렇지 않다"입니다. 천을 자르는 재단, 꿰매는 봉제의 과정은 많이 사용되지 않았고, 사각형의 천을 이렇게 저렇게 몸에 맞게 걸치는 드레이프 드레스가 일반적이었습니다. 드레이프 드레스를 조금 더 자세히 살펴보면 몇 가지 유형의 옷으로 구분할 수 있습니다. 우선 가장 기본이 되는 페플로스Peplos가 있습니다. 주로 여자가 입던 소매 없는 옷인데, 그 모습 역시 여신상에서 확인

---

* 미국의 제16대 대통령(1809~1865). 남북 전쟁에서 북군을 지도하여 1862년 민주주의의 전통과 연방제를 지키고 1863년 노예 해방을 선언하였다. 1864년 대통령에 재선되었으나 이듬해 암살당한다. 게티즈버그에서 행한 연설 가운데 '국민의, 국민에 의한, 국민을 위한 정부'라는 말은 민주주의의 참모습을 보여 준 것으로 유명하다. 재임 기간은 1861~1865년이다.

▲ 코린티안 투구
◀ 애도하는 아테나

할 수 있습니다.

위의 왼쪽 사진은 〈애도하는 아테나 Mourning Athena〉라는 작은 대리석 부조입니다. 여신 앞에 묘비처럼 보이는 석판이 세워져 있어서 그렇게 불립니다. 이 부조가 제작된 것은 BCE 460년경이고, 발견된 것은 1800년대 후반이었습니다. 그런데 이 여인이 아테나인 것을 어떻게 알았을까요? 답은 투구에 있습니다. 아테나는 전쟁의 신이기 때문에 대부분의 예술작품에서 투구를 쓴 모습으로 묘사됩니다. 오른쪽 사진에 투구의 모습이 자세히 나와 있는데, 고대 그리스를 배경으로 한 영화나 그림에서 자주 볼 수 있는 익숙한 모양입니다. 이런 형태의 투구를 특별히 코린티안 투구Corinthian helmet라고 부릅니다. 디올코스가 있는 지방이 코린스라는 것, 기억하지요? 바로 그곳에서 유래한 투구이기에 그렇게 부릅니다.

이번에는 그녀가 입은 페플로스를 살펴보겠습니다. 소매는 없고 양쪽 어깨 위에서 앞판과 뒤판이 연결된 드레스입니다. 천이 저절로 붙지는 않을 테니 무엇인가 연결할 도구가 필요합니다. 그래서 사용된 것이 안전 핀의 조상이라 할 수 있는 피불라^{Fibula}입니다. 피불라 는 원래 '고정시키다'라는 의미의 단어였다가 고정하는 물체의 이름으로 굳어진 것으로 추정됩니다. 그런데 재밌는 점은 종아리뼈의 영어 이름도 '피불라 본^{Fibula bone}'이라는 것입니다. 종아리뼈가 정강이뼈에 붙어 있 는 모습이 피불라와 꼭 닮았기 때문에 같은 말로 부르 게 되었습니다.

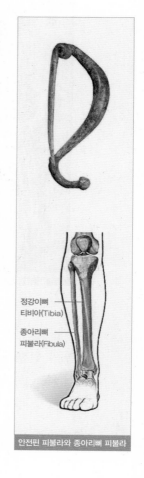

정강이뼈
티비아(Tibia)

종아리뼈
파불라(Fibula)

안전핀 피불라와 종아리뼈 파불라

다음으로 살펴볼 옷은 카이튼^{Chiton}입니다. 남녀 모 두 입는 옷이었는데 차이라면 남자는 무릎길이 정도 로 짧게 입었던 반면 여자는 발목까지, 때로는 바닥에 끌릴 정도로 아주 길게 입었다는 점입니다. 오른쪽 페 이지의 그림은 카이튼을 입는 방법입니다. 그림 가운 데처럼 양팔을 쭉 펼치고 팔 위로 피불라를 이용해 앞 판과 뒤판을 여러 군데 연결한 후, 펼쳐진 천을 몸통으 로 모아 허리띠로 묶습니다. 그러면 풍성하게 주름진 옷이 한 벌 만들어 집니다. 주름의 양은 페플로스보다 더 많았는데, 그 이유는 소재에 있습 니다. 페플로스는 주로 모직으로 만들었지만 카이튼은 주로 섬세하고 가 벼운 리넨으로 만들었기 때문입니다. 무게가 가벼우면 더 큰 천을 이용 할 수 있고, 천이 크면 주름이 많아지지요. 오른쪽 아래의 3번은 카이튼

① ② ③

을 입었을 때의 모습입니다. 명치를 중심으로 X자를 그리며 긴 띠로 몸통을 묶었습니다. 올림픽 성화를 채화하는 장면을 보신 분들은 여사제의 드레스 역시 본 기억이 있을 겁니다. 드레스 상의에 X자 모양의 장식이 있는 이유를 이제 이해할 수 있습니다

그런데 소재가 얇은 리넨이다 보니 뛰어난 보온성을 기대할 수가 없었습니다. 겉옷이 필요했지요. 그래서 거친 모직으로 만든 히메티언^{Himation}을 입게 됩니다. 말은 옷이지만 사실 생긴 모양은 담요라고 불러도 무방할 사각형의 천이었습니다. 기다란 천을 숄처럼 두르거나 몸에 둘둘 감고 한쪽 끝을 팔에 걸친 이상한 옷이었지요. 여자들은 대부분 카이튼과 어울리도록 차려입었지만 남자들은 종종 카이튼을 생략하고 히메티언만 두르고 다니기도 했습니다. 옆의 사진이 그 모습을 잘 보여줍니다. BCE 200년에서 CE 100년 사이에 제작된 것으로 추정되는 이 조각상은 책상 위에 두어도 좋을 만큼 아담한 크기입니다. 30센티미터가 채 안 됩니다. 하지만 세밀한 묘사는 빼어나서 한눈에 소크라테스라는 것을 알아볼 수 있습니다.

대머리에, 조금 못생기고, 퉁퉁한 몸집의 철학자는 상반신을 다 드러낸 채 담요 같은 히메티언만 둘둘 감고 있군요. 마음 내키는 대로 아무렇게나 입은 것처럼 보이지만 히메티언을 입을 때 지켜야 하는 사회적 규칙이 있었습니다. 취향에 따라 두 어깨를 덮기도 하고 한쪽으로만 걸치기도 했는데, 한쪽으로 걸칠 경우 조각상에 보이는 것처럼 반드시 오른쪽 어깨가 드러나는 방향으로 입어야 했습니다. 만약 오른쪽 어깨를 가리고 왼쪽 어깨가 드러나도록 반대로 입으면 야만인이라고 조롱당했다고 합니다. 지중해 문명의 중심에 사는 사람에게 '야만인'이라 부르는 것은

히메티언을 두른 소크라테스

클라미스

심각한 모욕이었습니다.

그런데 이 히메티언은 보기에는 물론이고 실생활에서 입고 다니기에 다소 거추장스러웠습니다. 광장을 거닐다 아무 사람이나 붙잡고 이야기를 나누던 소크라테스, 혹은 버려진 술통에 들어앉아 일광욕을 즐겼던 디오게네스Diogenes*처럼 미음완보微吟緩步**의 삶을 사는 사람들에겐 어울렸을지 몰라도 말을 타는 등 활달한 행동에는 적합하지 않았습니다. 좀 더 단출한 겉옷도 필요했지요. 그것이 간편하게 휙 둘러 입는 클라미스

---

* 키니코스학파의 걸인 철학자로 소크라테스의 영향을 받았다. 나무통을 주거지로 삼았던 그는 모든 향락을 거부하고 최소한의 물질만 가지고 생활한 것으로 유명하다. 알렉산더 대왕이 유명한 현자가 있다는 소문을 듣고 디오게네스를 찾아가서 "소원이 무엇이냐"고 묻자 그는 "햇빛이나 가리지 말고 비켜주시오"라고 대답했다고 전해진다.

** '작은 소리로 읊으며 천천히 거닌다'는 뜻으로 조선시대 최초의 가사(歌辭) 작품인 「상춘곡賞春曲」에 나오는 표현이다. 단종이 왕위를 빼앗기자 정극인은 벼슬을 버리고 고향으로 내려가 은거했는데 「상춘곡」은 당시 그곳의 봄 경치를 읊은 가사다. 시문집 『불우헌집不憂軒集』에 수록되어 있다.

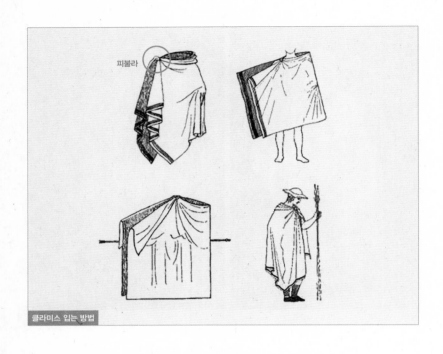

피불라

클라미스 입는 방법

Chlamys입니다. 앞 페이지 오른쪽 사진 속 인물이 두르고 있네요.

클라미스는 거친 양모로 만들었다는 것과 둘러 입는 겉옷이라는 점에서 히메티언과 같습니다만, 그보다는 좀 더 활동적으로 보입니다. 앞의 오른쪽 사진은 BCE 500년경에 만들어진 도자기의 그림인데, 여기 등장하는 인물은 과연 누구일까요? 날개 달린 신발을 보니 헤르메스Hermes*로군요. 빠르고 재치 있고 젊은, 그래서 이승과 저승을 넘나들며 전령으로 활약하는 그에게 히메티언은 너무나 거추장스러웠을 테지요. 그래서 예술 작품 속의 헤르메스는 주로 클라미스를 입은 것으로 묘사됩니다.

---

* 올림포스 12신 중 하나. 제우스와 티탄 아틀라스의 딸 마이아 사이에서 태어났다. 전령의 신이자 여행, 상업, 도둑의 수호신이다. 날개 달린 모자와 신을 신고 뱀을 감은 단장을 짚고 다녔다. 로마 신화의 메르쿠리우스에 해당한다.

같은 이유로, 활발히 움직여야 하는 사람들, 가령 여행자라든지 군인, 운동선수 등도 클라미스를 즐겨 입었습니다. 이 옷을 입는 방법은 다른 그리스 옷과 마찬가지로 간단합니다. 그저 휙 두르고 피불라로 한쪽을 고정시키면 끝입니다.

여기서도 히메티언을 입을 때와 같은 규칙이 적용됩니다. 옆 페이지의 그림에도 피불라가 오른쪽 어깨에 있습니다. 오른손을 쉽게 사용하기 위해서입니다. 그렇다면 왼손잡이들은 반대로 입었을까요? 매우 궁금한 문제이긴 하지만 자세한 기록은 없습니다.

클라미스를 입고 걸어가는 사람. 잠을 잘 때는 담요로 사용하고, 비가 올 때면 머리를 덮는 우비로 활용하고, 그러다 날이 개면 다시 몸에 두르고 걸어가는 여행자. 참 낭만적입니다. 이 사람의 뒷모습은 어떻게 보일까요? 동그란 머리, 어깨는 좁고, 아래로 내려갈수록 조금씩 넓어지며 퍼지는 모습이 연출될 테지요. 물론 드레이프 드레스이기 때문에 굵은 주름이 아래를 향해 방사형으로 퍼져나가는 특징도 보입니다. 마치 조개 껍데기처럼 말이지요.

우리가 비단가리비라고 부르는 옆 사진의 조개를 가리키는 라틴어 학명도 클라미스입니다. 우연이 아니라 옷 클라미스와 그 모습이 흡사하기 때문에 같은 단어를 사용하게 되었습니다. 패션과 해양 생물학이 이렇게 연결되어 있는 것이 흥미롭습니다.

▲ 내 이름도 클라미스

망토 혹은 케이프

클라미스를 보고 있노라면 슈퍼맨이 떠오릅니다. 우리는 관용적으로 '슈퍼맨의 망토manteau'라고 부르지만 영어권에서는 '슈퍼맨의 케이프cape'라고 부르는 그 빨간 날개 때문입니다. 사실 슈퍼맨은 맨몸으로도 날 수 있으니 그의 케이프는 날개가 아닙니다. 활강할 때 날개 역할을 하는 베트맨의 케이프와는 다르지요. 그것이 날개의 기능을 하든 안 하든, 슈퍼맨부터 최근의 원펀맨까지 왜 수많은 슈퍼히어로가 케이프를 두를까요?

우선 케이프를 두르면 신분과 무기를 감추기 용이합니다. 따라서 신비감을 줄 수 있습니다. 원조라 부를 만한 것은 긴 칼을 차고 케이프를 두른 중세시대 스페인 검사劍士입니다. 그리고 이 모습을 빌려온 소설 속 영웅 캐릭터가 1919년 창작된 '조로Zorro'입니다. 검은 마스크로 감춘 얼굴, 검은 케이프 자락을 휘날리며 검을 뽑는 모습은 충분히 신비롭고 영웅다웠습니다. 다시 여기서 영감을 얻은 만화 속 영웅 캐릭터가 1933년 창작된 슈퍼맨입니다. 원래의 슈퍼맨은 흰 티셔츠와 바지를 입은 평범한 차림이었습니다. 너무 담백하다 보니 심심했지요. 그래서 슈퍼맨의 원작자들이 조로를 참고 해서 슈퍼맨에게 빨간 케이프를 둘러주었습니다. 과연 주먹을 휘두를 때, 방향 전환을 할 때, 그리고 하늘을 날 때, 그림으로 그려진 주인공의 역동성이 살아났습니다. 한층 더 영웅다워진 것입니다. 이 모습이 그 후 창작된 수많은 슈퍼히어로들에게 영향을 주었습니다.

또한 케이프는 권력을 상징하기도 합니다. 오른쪽 그림은 라이오넬 로이어Lionel Royer의 〈카이사르의 발밑에 무기를 던져버리는 베르킨게토릭스〉입니다. 로마의 정복자 카이사르, 그에게 패배한 갈리아의 족장 베르킨게토릭스, 두 수장 모두 케이

---

* 프랑스의 화가(1852~1926)로 동레미라퓌셸에 있는 대성당에 잔다르크의 일생을 묘사한 그림을 남겼다.

조로

프를 두르고 있습니다. 이 케이프는 로마에서 팔루다멘툼Paludamentum이라고 부르는 것으로 클라미스의 후예입니다. 그저 단순히 권력자들이 즐겨 입었기에 권력을 상징하게 되었지만, 케이프 자락을 날리며 말을 달리는 모습은 정말 위엄 넘치는 장면이었을 겁니다. 슈퍼히어로라면 누구라도 탐낼 만한 모습이지요.

애니메이션 〈인크레더블The incredibles〉의 주인공 역시 그런 멋진 차림을 원했습니다. 그래서 의상 담당인 애드나 모드에게 자신의 새 옷에 케이프를 달아 달라고 부탁했습니다. 하지만 슈퍼히어로 복장 전문가인 이 깐깐한 디자이너는 단

카이사르의 발밑에 무기를 던져버리는 베르킨게토릭스(라이오넬 로이어 작)

호하게 거절하면서 그 이유를 아주 이해하기 쉽게 설명해줍니다.

> 케이프는 안 돼! 폭풍의 힘을 가진 키 큰 '썬더헤드' 기억하니? 좋은 남자였지. 아이들에게도 친절하고. 58년 11월 15일. 또 하루의 영웅 임무를 완수하고 모든 것이 좋았지만, 그의 케이프가 미사일 날개에 걸려버렸지. 57년 4월 23일, '스트라토게일'은 비행기 제트엔진에 빨려들어 갔어. '메타맨'은 엘리베이터에 걸렸고, '다이나가이'는 날아오르려 할 때 걸렸고, '스플레쉬다운'은 회오리바람 속으로 빨려들어 갔다고! 케이프는 안 돼!*

이 대사를 듣고 나니 현대무용의 선구자 이사도라 덩컨**의 예상치 못한 죽음이 생각납니다. 그녀는 고대 그리스의 무용을 흠모하여 무대에서 그리스풍의 하늘거

케이프는 안 돼!
(No capes!)

---

* https://www.youtube.com/watch?v=Jy2YhxXn7NY&feature=youtu.be

** 미국의 무용가(1877~1927). 고전 무용의 틀에서 벗어나 독자적으로 자유로운 맨발의 무용을 개척하였다. 저서에 『미래의 무용』, 자서전 『나의 생애』 등이 있다.

리는 의상을 주로 입곤 했습니다. 하루는 아주 긴 실크 스카프를 목에 두른 채 오픈카에 올랐는데, 그만 스카프 끝자락이 뒷바퀴에 감기는 바람에 목이 부러져 사망했습니다. 이처럼 등 뒤에서 펄럭이는 무엇을 입는 것은 목숨도 앗아갈 수 있을만큼 위험한 행동입니다. 너무 길어서 땅에 끌리는 치마나 바지가 에스컬레이터에서 위험한 것처럼 말입니다. 온갖 기계장치가 가득한 현대사회이기에 내 옷자락 끝이 어디에 가 있는지 항상 신경 써야 합니다.

그래서 이런 생각이 듭니다. 사실 애드나 모드의 저 대사는 기차를 던지고, 쇳덩이 괴물을 뜯고, 전기고문을 견딜 수 있는 만화 속 영웅이 아니라, 그 만화를 시청하는 아직은 작고 연약한 영웅들을 향한 것이 아닐까 하는.

토가와 팔라

_유럽의 중심으로
성장한 로마

"도미네 쿼바디스Domine quo vadis?", "주여 어디로 가십니까?"라는 뜻의 라
틴어입니다. 박해를 피해 로마에서 도망치던 베드로가 부활한 예수를
마주치자 "도미네 쿼바디스"라고 물었습니다. 예수는 십자가에 또 못 박
히기 위해 로마로 간다고 대답했습니다. 그 어떤 박해가 기다린다 해도
신의 사랑을 전파하겠다는 것이지요. 이에 감동한 베드로 역시 로마로
돌아가 크리스트교를 전파합니다. 외경의 하나인 베드로 행전에 기록된
기적의 내용입니다. 그 후 로마는 크리스트교의 중심지가 되었습니다. 그
런데 사실 2,000여 년 전의 로마는 모든 것의 중심이었습니다.

로마의 영토 확장

이번에는 그리스의 서쪽으로 가보겠습니다. 마치 처음부터 지중해의 주
인이었던 양, 이탈리아반도가 그 바다의 중심을 향해 뻗어 있습니다.

반도 중간쯤에 위치한 로마는 다른 도시국가와 마찬가지로 아주 작은
왕국에 불과했으나 어느 순간 거대한 제국으로 탈바꿈합니다.

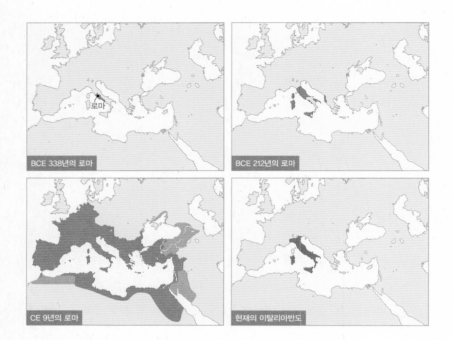

BCE 338년의 로마 | BCE 212년의 로마
CE 9년의 로마 | 현재의 이탈리아반도

첫 번째 지도는 BCE 338년의 상황을 보여줍니다. 검은 점이 로마였고, 붉은색으로 표시된 곳이 로마가 정복한 지역입니다. 도시국가 로마가 건국된 해가 BCE 753년이니 지도에 보이는 확장 과정에 415년이 걸린 셈입니다.

다음 지도는 BCE 212년의 모습입니다. 이탈리아반도의 대부분과 그 주변 도서島嶼 지역을 정복했군요. 괄목할 만한 성장인 것은 맞지만 아직 놀라울 만큼은 아닙니다.

세 번째 지도는 약 220년 후인 CE 9년입니다. 현재의 스페인과 프랑스, 독일은 물론 지중해 연안을 따라 펼쳐진 모든 지역이 로마의 영토가 되었습니다. 도대체 이 기간 동안 무슨 일이 있었기에 이렇게까지 폭발적으로 성장할 수 있었을까요?

로마, 거대 제국이 되다

이러한 영토 확장은 물을 것도 없이 전쟁의 결과였는데 그중 가장 중요한 전환점이 된 것은 3차에 걸친 카르타고와의 전쟁이었습니다. BCE 264년에서 BCE 146년에 이르기까지 지중해의 지배권을 둘러싸고 벌인 싸움으로 이를 포에니 전쟁이라 부릅니다. 카르타고는 아프리카 북부에 있던 페니키아*인의 도시국가입니다. 식민지로 시작했지만 해상무역을 통해 번 돈으로 쉽게 본국을 앞질렀고, 결국에는 남부 지중해 거의 전역을 차지했습니다. 앞 장에서 본 지도를 다시 한 번 보겠습니다.

지금의 시리아, 이스라엘, 레바논 지역에 페니키아의 본국이 있고, 아프리카 북부 끝에 카르타고가 있고, 이 연결선을 따라 스페인이 위치한 이

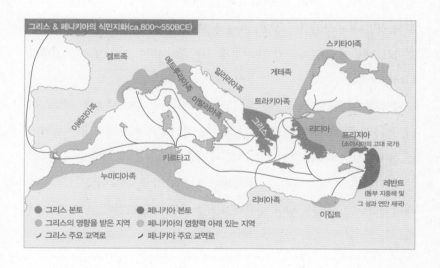

---

* BCE 3000년 무렵에 페니키아인이 시리아 중부 지방에 건설한 도시 국가를 통틀어 이르는 말. BCE 1세기에 로마에 병합되었다.

베리아반도까지 점령하여 그리스와 지중해를 양분하고 있었습니다. 끊임없이 성장하고 있던 로마에게는 당연히 걸림돌이 될 수밖에 없었지요. 그렇다면 전쟁은 어느 지역에서 촉발되었을까요? 두 세력이 빈번하게 대립했던 곳, 바로 시칠리아 섬입니다. 로마 쪽에서 보아도, 카르타고 쪽에서 보아도, 자기 땅처럼 보이는 가까운 지역인 데다가 해상무역의 주요 교통로였으니, 양쪽 모두 탐낼 수밖에 없는 섬이었지요.

카르타고는 강한 해군을 앞세우고, 로마는 강한 육군을 앞세워 해전이 시작되었습니다. 해전이기 때문에 해군이 강한 카르타고가 유리할 것 같았지만, 배가 뒤엉키기 시작하고 서로의 배에 올라타 백병전이 시작되자 전혀 다른 양상이 펼쳐졌습니다. 배에 달려 있는 가교를 이용해 적함에 올라탄 로마군이 마치 땅을 딛고 있는 것처럼 갑판을 누비며 위력을 발휘한 것입니다. 그리하여 시칠리아뿐만 아니라 그 주변에 있던 모든 섬을 로마에 내주며 카르타고가 패배하게 되지요. 이것이 1차 포에니 전쟁입니다.

카르타고는 전설적인 명장 한니발^{Hannibal*}을 앞세워 설욕을 시도합니다. 로마를 향해 복수의 원정을 떠날 때 한니발은 아프리카에는 흔하지만 유럽에서는 볼 수 없는 코끼리를 데려갔습니다. 전차 역할을 할 수 있는 훈련된 코끼리 37마리, 그리고 10만 2천 명의 군사를 이끌고 그는 피레네와 알프스산맥을 넘어 이탈리아로 진군합니다. 그런데 가는 길이 너

---

* 고대 카르타고의 장군이자 정치가. BCE 218년 제2차 포에니 전쟁을 일으키고, 이탈리아에 침입하여 로마군을 격파했다. 그 후 자마 전투에서 로마군에게 패한 뒤 소아시아에서 자살했다. 한니발의 군대가 피레네산맥과 알프스산맥을 넘은 사건에 대해, 역사 저술가 플루타르코스는 『플루타르코스 영웅전』에서, 눈병을 치료하지 못해 한쪽 눈을 잃었음에도 낙심하지 않고 작전에 몰두한 한니발의 열정과, 자신들을 방해하는 원주민 포로들 중 용맹한 전사는 고향에 돌려보내는 관용으로 복종시킨 지도력이 기적을 만들었다고 말한다.

무 멀고 험했던 탓에 많은 손실을 입을 수밖에 없었습니다. 로마의 영토에 당도해 세어보니 남은 병사는 고작 2만 6천 명이었습니다. 약 75퍼센트의 병력을 잃은 것이지요. 코끼리는 어땠을까요? 단 한 마리만 살아남았습니다. 코끼리 부대의 97퍼센트가 사라진 셈입니다. 한마디로 망한 것이지요. 하지만 그는 포기하지 않고 로마에 적대적인 주변 국가로부터 병력을 충원했고, 뛰어난 전술을 펼쳐 로마의 주력군을 궤멸시키는 전공을 세웁니다. 이것이 로마 동부 약 350킬로미터 지점에서 벌어졌던 '칸나에 전투Battle of Cannae'입니다. 열세인 병력과 적진 한가운데라는 이중고를 극복한 기적 같은 승리였지요. 너무나 큰 상처를 입은 로마는 절치부심 끝에 카르타고 본토를 급습하는 기지를 발휘하여 전세를 뒤집습니다. 본국을 지키기 위해 부랴부랴 달려온 한니발은 힘 한 번 제대로 써보지 못하고 로마의 명장 스키피오Publius Cornelius Scipio*에게 패배하고 맙니다. 이것이 2차 포에니 전쟁입니다.

1, 2차 전쟁에서 모두 승리한 쪽은 로마였고, 힘의 균형이 완전히 무너진 상태에서 벌어진 3차 전쟁은 이미 승패가 결정 난 것이나 다름없었습니다. 허락 없이 군대를 움직였다는 트집을 잡아 로마가 다시 카르타고를 침공했고, 무기를 모두 내놓으면 순순히 돌아가겠다는 거짓 약속으로 군대를 무장 해제시킨 후, 온 도시를 철저하게 짓밟았습니다. 그 과정에서 25만 명이었던 인구가 5만 명으로 줄어들 때까지 학살이 이어졌지요. 남은 5만 명은 어떻게 되었을까요? 다시는 카르타고인으로 살 수 없도록

---

* 고대 로마의 장군·정치가. 제2차 포에니 전쟁 중 한니발의 군대를 아프리카의 자마 전투에서 격파한 것으로 유명한데 이를 기념하여 '아프리카누스'라는 칭호가 붙었다. 집정관, 감찰관을 거쳐 로마 원로원의 제1인자인 '프린켑스'를 15년 동안 역임했다.

알프스를 넘고 있는 한니발의 코끼리 부대

지중해 각지에 노예로 팔아버렸습니다. 마지막으로 로마군은 주인이 모두 사라져 텅 비어버린 도시를 17일간에 걸쳐 불태웠습니다. 카르타고를 지도상에서 완전히 지워버린 것이지요.

포에니 전쟁과는 별개로 로마는 동쪽으로도 진군했습니다. 알렉산더 대왕이 정복했던 영토 중 소아시아에 자리 잡은 셀레우코스 왕국을 무너뜨렸고, 알렉산더 대왕의 본거지였던 마케도니아 왕국을 정벌했습니다. 이미 오래전부터 로마의 영향권 아래 있던 이집트의 프톨레마이오스 왕국도 결국은 로마로 편입되었습니다. 지중해를 둘러싸고 있던 모든 땅이 로마의 영토가 된 것입니다. 이제 사람들은 지중해를 가리켜 '로마의 호수'라는 별칭으로 부르기 시작했습니다. 전례를 찾아볼 수 없는 거대 제국의 시작이었습니다.

두 얼굴의 로마

카르타고와의 전쟁에서 본 것처럼, 적군을 대하는 로마군의 모습은 참으로 잔인했습니다. 그런데 일단 전쟁이 끝나면 언제 그랬냐는 듯 로마 사회는 관대하게 변했습니다. 적국 출신이어도, 이상한 종교를 믿는 사람이어도, 야만스런 민족이어도 차별하지 않고 로마의 시민이 될 기회를 준 것입니다. 심지어 노예들에게도 기회가 주어졌습니다. 오랜 시간 주인에게 충성했거나 돈을 모아 자유를 산 경우, 노예는 자유민이 될 수 있었습니다. 물론 이들은 시민보다 하위계급입니다. 하지만 그들의 자녀에겐 자동적으로 시민권이 부여되었습니다. 양친이 시민일 경우에만 그 자녀를 시민으로 인정했던 아테네, 스파르타 등의 그리스 도시국가보다 훨씬 더 개방적인 시민권제도를 가지고 있었던 겁니다.

현대의 학자들은 이런 개방성이 로마를 강하게 만든 가장 주요한 원인이었다고 평가합니다. 이는 약소국 출신의 입장에서 생각해보면 쉽게 이해할 수 있습니다. 나의 원래 나라는 로마에 편입되었다 하더라도 로마라는 강대국의 울타리 안에서 동등한 기회를 보장 받는다면 나라를 빼앗긴 설움을 밀쳐두고 새로운 희망을 품을 수 있게 됩니다. 게다가 고유의 문화와 종교를 지나치게 탄압하는 일도 없으니 정체성의 혼란을 겪을 일도 비교적 적었습니다. 자연스레 로마의 일원이 되는 것이지요. 만약 로마가 위기에 처하면 어떻게 될까요? 로마 본토인들뿐만 아니라 새로이 합병된 지역 주민들도 로마를 위해 싸웁니다. 이처럼 로마의 지배를 받던 나라들이 로마에 대한 충성을 거두지 않았다는 점은 한니발이 로마 주력군을 궤멸시키고도 로마를 정복하지 못했던 이유로 작용했습니다.

로마의 시민*이 되면 어떤 혜택을 누릴 수 있었을까요? 우선 여러 가지 법적 보호를 받았습니다. 완전 시민권을 가진 사람에게는 투표권도 함께 주어집니다. 그리고 또 하나 매우 상징적이고 시각적인 특권이 있었는데, 그것이 바로 로마를 대표하는 옷 토가Toga입니다.

---

* 로마 시민이 누릴 수 있는 권리는 시대마다 또는 출생 장소에 따라, 그리고 국가에 어떤 복무를 수행하느냐에 따라 달랐다. 참정권은 물론 국가의 보호를 받고 의무를 이행해야 하는 시민권인 '로마 시민권', 참정권은 없지만 권리와 의무는 로마 시민권과 동일한 '라틴 시민권', 로마의 동맹국 시민들에게 발부되는 것으로 권한이 축소된 '동맹 시민권'이 대표적이다.

시민의 옷 토가와 모두의 옷 튜닉

토가는 그리스의 겉옷 히메티언과 비슷합니다. 모직으로 만든 천 한 장으로 이루어진 옷이라는 점, 몸에 두르는 방식으로 입는다는 점이 같아서 입은 모양도 유사합니다. 단 하나 중요한 차이점은 히메티언보다 훨씬 더 큰 천을 사용한다는 것이었지요. 가장 큰 경우 높이가 2.4미터에 너비가 6미터 정도였습니다. 현대인이 사용하는 1인용 담요의 크기가 높이 2.1미터에 너비가 1.6미터 정도이니, 얼마나 큰 것인지 상상할 수 있습니다. 토가를 입는다는 것은 곧 담요를 넉 장 이상 두르고 다니는 것과 다름없었습니다.

다음 페이지의 왼쪽 사진은 평민 출신이었지만 오랜 공화정*을 끝내고 최초의 황제로 등극하여 200년에 이르는 로마의 번영 시대를 연 옥타비아누스 Gaius Octavianus** 입니다. 아우구스투스 Augustus 는 황제가 된 후 얻게 된 또 다른 이름입니다. CE 100년경에 만들어진 이 조각상이 입고 있는 토가를 소크라테스의 히메티언과 비교해보면 그 차이가 확연히 드러납니다. 거추장스러운 히메티언이지만 토가에 비하면 오히려 단출해 보일 지경입니다. 이렇게 복잡하다 보니 또 다른 문제도 있었습니다. 로마는 연평균 기온이 16.7도로 서울의 10.8도보다 훨씬 높습니다. 그런 상황에서 양모 담요를 몇 겹으로 감아 입으면 더울 수밖에 없습니다. 부피가 지나치게 크고, 너무 덥고, 혼자 입을 수도 없어서 입을 때마다 노예를 불

---

* 로마는 BCE 6세기경 귀족들이 이민족 왕을 몰아낸 후 집정관과 원로원을 귀족이 독점하는 '귀족 공화정'을 수립한다. 그러나 차츰 평민 세력이 성장함에 따라 '민주 공화정'으로 이행하는 변화를 겪게 되는데, BCE 287년 호르텐시우스법에 따라 평민회의 입법권을 인정받음으로써 귀족과 평민이 법률상으로 평등해진다.

** 로마제국의 제1대 황제(BCE 63~CE 14). 레피두스, 안토니우스와 삼두정치를 하다가 악티움 해전에서 안토니우스를 격파하고 지배권을 확립했다. 학술, 문예를 장려하여 로마 문화의 황금시대를 이룩했다.

토가

히메티언

러야 하고, 거동도 불편했지만 토가는 로마를 상징하는 옷이었습니다. 노예도, 자유민도, 외국인도 입는 것이 금지되었고, 오직 로마시민만 입을 수 있는 특권이었기 때문입니다. 한마디로 정리하면 '자랑스런 애물단지' 같은 존재였지요. 합리성을 중시하는 로마와 잘 어울리는 옷은 아니었습니다. 반면 합리적이고 편한 옷도 있었는데 그것이 튜닉Tunic입니다. 튜닉은 형태적으로 반팔 티셔츠와 유사합니다. 단 그보다는 길었습니다.

남자의 경우 무릎 정도, 여자는 발목까지 내려오는 길이의 튜닉을 입었습니다. 남녀노소, 신분에 관계없이 모두 입었던 옷으로 허리를 가죽띠로 동여매 멋을 내기도 하고 활동성도 높였습니다. 필요에 따라 두 장의 튜닉을 겹쳐 입기도 했습니다. 얇은 리넨으로 된 것은 속옷으로, 두꺼운 리넨 혹은 양모로 된 것은 겉옷으로 입는 식이었습니다. 시민이라면

튜닉

튜닉 위에 토가, 그 외의 계급이라면 튜닉만 입은 채로 나가는 것이 일반적인 남자의 복장이었습니다.

　튜닉은 크리스트교와도 깊은 인연이 있습니다. 이 장의 서두에 언급한 것처럼 로마는 후에 크리스트교의 중심으로 거듭납니다. 그 이유로 대부분의 크리스트교 종교적 복식은 로마의 일상복에 그 기원을 두고 있습니다. 아주 평범하면서 소박했다는 말입니다. 그런데 어느 순간 이해할 수 없는 특징도 나타나기 시작했습니다. 가장 좋은 예가 다음 페이지의 사진에 보이는 교황관입니다. 영어로는 페이플 티아라 Papal tiara입니다. 금으로 된 관을 세 겹 쌓아올렸다고 해서 삼중관이라고 부르기도 하는데, 그 화려함과 크기가 역사에 등장했던 그 어떤 왕관에도 뒤지지 않습니다.

　성직자는 신의 모습을 닮는 것이 우선일 텐데 다수의 교황은 속세의 왕을 모방하는 일에 더 몰두했습니다. 오히려 왕 이상의 권력을 차지하기 위해 모든 방법을 동원했고 틈만 나면 각국의 왕들과 대적했습니다. 아마도 1077년 카노사의 굴욕이 가장 대표적인 일화일 겁니다. 성직자 임명권을 차지하기 위해 신성로마제국의 황제와 교황이 맞붙은 사건 말입니다. 자기의 권위에 도전했다는 이유로 교황은 황제를 파면합니다. 그 소식을 들은 황제는 오히려 교황을 굴복시키겠다며 기세등등했습니다. 하지만 얼마 못 가 수세에 몰립니다. 자기 휘하에 있는 봉건영주들이 점차 교황 편에 붙었기 때문입니다. 어쩔 수 없이 황제는 교황이 머물고 있

1958년 성 베드로 대성당에서 거행된 요한 23세의 교황대관식(재위 1958~1963)

Henricus. 4. Emperour. Waiting 3. dayes ypon Pope Gregory 7. Image of Antichrist.

카노사 성문 앞에서 교황에게 용서를 비는 하인리히 4세 황제 가족

도미네 쿼바디스.
(안니발레 카라치 작, 1602), 맨발의 사내 베드로가 예수에게 어디로 가는지 묻고 있다.

는 이탈리아 북부의 카노사 성으로 달려갔습니다. 굳게 닫힌 성문 앞에서 맨발로 무릎 꿇었습니다. 그런데 하필이면 그때가 눈보라치는 겨울이었습니다. 아내와 어린자식을 대동하고 극심한 추위 속에서 사흘 밤낮을 빌고 나서야 교황의 용서를 받아낼 수 있었습니다. 황제를 무릎 꿇게 만드는 권력을 가지고 있으니, 교황이 황제보다 더 높은 관을 쓰는 것도 어쩌면 당연합니다.

그런데 누구나 알고 있는 상식처럼 초대교황은 베드로입니다. 만약 이 화려한 교황관을 보여주면, 어부 출신으로 단 한 순간도 화려한 삶을 추구하지 않았던 그는 뭐라고 말할까요?

리비아와 옥타비아누스

여자는 어땠을까요? 앞서 설명한 대로 튜닉을 입는 것은 남자와 같지만 토가를 두를 수는 없었습니다. 이것이 시민권이 없었다는 것을 의미하는 것은 아닙니다. 하지만 여성 시민의 권리는 현저하게 제한되어 있었습니다. 예를 들면, 투표를 할 수 없었고, 공직에서 일할 수도 없었으며, 군대에 갈 수도 없었습니다. 자기 권력의 크기를 주도적으로 확대할 수 있는 거의 모든 길이 막혀 있었던 것입니다. 그렇다고는 해도 로마가 여성들에게 최악의 장소는 아니었습니다. 이집트에는 못 미치더라도, 실생활에서 누릴 수 있는 여성의 권리는 잘 보장된 편이었습니다. 그 예가 이혼 청구권입니다. 더는 같이 살고 싶지 않은 남편에게 이혼을 요구할 수 있다는 것은 여성이 남성의 소유물이 아니라 스스로의 의지와 감정을 가진 인격체임을 인정하는 셈이니 매우 상징적인 권리라고 할 수 있습니다.

리비아의 석상

옥타비아누스

실제로 이혼한 여자를 사회적으로 냉대하지 않았고, 최상류층도 이혼과 재결합을 자연스럽게 받아들였습니다.

여성들도 겉옷은 필요했을 테니, 토가에 상응하는 옷이 존재했을 겁니다. 그것이 팔라Palla입니다. 위의 왼쪽 사진은 리비아의 조각상으로 CE 20년경 작품입니다. 그녀가 머리에도 쓸 만큼 여유 있게 겉에 두른 것이 팔라인데, 토가와 구분하기 힘들 정도로 유사합니다. 사실 형태나 재료 등에서는 다른 점이 없었고, 토가의 절반 정도인 크기에서만 차이가 있었습니다.

리비아의 석상 옆에 방금 전 보았던 옥타비아누스의 석상을 나란히 놓은 데에는 그럴 만한 이유가 있습니다. 팔라와 토가를 비교해볼 목적 외에도 이 둘 사이에 깊은 인연이 있기 때문입니다. 이들은 50년 넘게 서로를 의지한 부부였습니다. 또 있습니다. 이 둘의 결혼에 얽힌 사연이 재미있을 뿐만 아니라 당시의 이혼과 재혼을 이해하는 데 도움이 되기 때문입니다.

두 사람이 결혼할 당시, 옥타비아누스는 두 번째 결혼 생활을 하던 중이었습니다. 그리고 그의 두 번째 부인은 옥타비아누스의 딸을 임신하고 있었지요. 리비아 역시 첫 번째 남편과 문제없이 살고 있었고 뱃속에 두 번째 아이도 가지고 있었습니다. 즉, 옥타비아누스는 자신의 아이를 가진 아내를 버리고 남의 아이를 임신 중인 리비아와 결혼한 겁니다. 게다가 리비아의 남편은 과거에 옥타비아누스의 권력을 빼앗고자 하는 편에 서서 싸웠던 사람이었습니다. 정적의 아내인 리비아와 사랑에 빠진 옥타비아누스는 그녀의 남편에게 이혼할 것을 요구했고, 어렵게 성사된 결혼식 당일에는 리비아의 전 남편이 몸소 참석하여 아버지가 신부를 인도하듯 리비아의 신부 입장에 동행했다고 합니다. 참으로 기이할 뿐만 아니라 윤리적으로도 그르다고 평가할 법한 결혼 이야기입니다. 하지만 이 둘은 서로 사랑했고, 평생 해로했습니다. 그런데 무슨 까닭인지 둘 사이에 아이는 없었습니다. 그렇다면 로마의 첫 번째 황제였던 옥타비아누스의 왕좌를 물려받은 사람은 누구였을까요? 바로 리비아와 리비아의 전 남편 사이에서 태어난 첫째 아들 티베리우스*입니다. 리비아의 입장에서 생각해보면 이 결혼은 아마도 역사상 가장 성공적인 재혼에 속할 것입니다. 황제와 결혼해서 황제의 아내가 되었을 뿐 아니라 옥타비아누스의 피가 단 한 방울도 섞이지 않은 자기 아들을 로마의 제2대 황제로 만들

---

* 로마의 제2대 황제이다. 옥타비아누스의 의붓아들로 북게르마니아와 판노니아를 정벌할 때 공을 세웠으며, 제위

었으니 말입니다.

현재 리비아의 석상은 스페인 국립 고고학 발물관 National Archaeological Museum of Spain에, 옥타비아누스의 석상은 로마 국립 박물관 National Museum of Rome에 있습니다. 지금은 멀리 떨어져 있는 두 석상이 언젠가 나란히 전시된다면 퍽 의미 있는 일이 될 것 같습니다. 전시의 제목은 '토가와 팔라를 입은 황제 부부'가 어떨까요?

에 올라 속주(屬州) 통치와 국가 재정의 재건에 힘썼다.

황금양털

고대 로마 사람들이 가장 흔하게 입은 것은 양모와 리넨이지만, 가장 사랑한 것은 실크였습니다. 반짝이는 모든 것이 흔해진 지금이기에 로마인들이 동방에서 온 실크를 보고 느꼈을 법한 시각적 충격을 체감할 수는 없습니다. 다만 모니터에 익숙한 사람들이 VR^{Virtual Reality}을 처음 본 느낌과 비슷하지 않았을까 짐작할 따름이지요. 광택이 나는 천이라는 건 너무나 새로웠고, 또 누구나 탐낼만 한 것이었습니다. 그랬기에 같은 무게의 금값으로 거래되던 시절이 있었던 것일 테지요. 반짝이는 옷감에 대한 이런 열망이 '바다실크^{Sea silk}'를 만들어냈습니다.

바다실크의 재료는 조개에서 채취합니다. 홍합을 먹다 보면 지저분한 수염 같은 것이 붙어 있는 것을 볼 수 있습니다. 이것을 '발의 역할을 하는 실'이라 하여 족사^{足絲}라고 부릅니다. 바위에 붙어 있기 위해 필요한 것이지요. 지중해에 사는 홍합류의 조개 중에 피나 노블리스^{Pinna nobilis}라는 녀석이 있는데 큰 것은 120센티미터까지 자랍니다. 마치 해저 면에서 솟아난 부채처럼 보이는데, 덩치가 큰 만큼 족사

피나 노블리스와 피나 노블리스의 족사

원정을 통해 찾아온 **황금양털을 펠리아스에게 건네는 이아손**: 승리의 여신 니케가 월계관을 이아손에게 씌워주고 있다(BCE 340~330년경, 루브르 박물관 소장).

도 풍성합니다. 매우 얇고 금빛으로 반짝이는 이 녀석의 족사를 뜯어다가 천을 짜면 그것이 바다실크입니다.

그리스 신화에는 황금양털이 중요한 모티브로 등장합니다. 자기 자식을 죽이려 하는 후처의 계략을 알게 된 보이오티아의 왕비 네펠레는 황금색 양의 등에 아들을 태워 피신하게 합니다. 양 덕분에 무사히 도망치게 된 아들은 그 양을 잡아 포세이돈에게 제사를 지내고 양털은 거두어 잘 숨겨둔 다음 무시무시한 괴물을 데려다 지키게 합니다. 구리 발굽을 가졌으면서 코로 불을 뿜는 황소와 절대 잠들지 않는 데다가 땅에 심으면 군인으로 변하는 신비한 이빨을 가진 용이 그 경비병들이었습니다. 이 황금양털을 찾으러 떠나는 것이 바로 이아손*과 아르고 호의 원정대입니다.

옛날이나 지금이나 황금색 양은 존재하지 않습니다. 그런데 옛날부터 아주 귀한 것으로 대접받았던 바다실크는 황금색입니다. 혹시, 이 신화에 등장하는 황금양털이 바다실크를 말하는 것은 아니었을까요?

---

* 그리스 신화에 나오는 인물. 테살리아의 왕자로 숙부 펠리아스로부터 부친의 왕국을 되찾기 위하여 황금양털을 얻고자 아르고 호 원정대를 이끌고 모험을 감행한다.

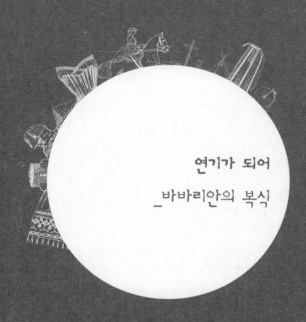

연기가 되어

_바바리안의 복식

문화적 배경은 많은 것을 결정합니다. 장례방식도 그중 하나입니다. 스칸디나비아반도에서 흔히 볼 수 있는 장례방식은 불에 태운 후 그 재를 땅에 묻는 것이었는데, 여기서 중요한 것은 불의 크기, 좀 더 정확히 말하면 연기기둥의 크기였습니다. 그곳 사람들은 용감하게 죽은 전사의 영혼이 발할라Valhalla로 간다고 믿었습니다. 그들이 주신主神 오딘Odin과 함께 기거하는 영광스런 장소이지요. 화장 시 뿜어 나오는 연기는 영혼을 발할라로 운반하는 매개체입니다. 그러니 웅장한 연기가 피어오를 수 있도록, 장작을 높이 쌓아 큰 불을 만드는 것이 당연했습니다. 이런 장례방식은 옷의 역사와 어떻게 연관되어 있을까요?

모든 길은 로마로 통한다

지중해 중심의 문명이 알프스산맥을 넘어 유럽 내륙과 바다 건너에 있는 영국까지 전달될 수 있었던 것은 로마제국의 확장 덕분이었습니다. 현재까지 유럽 전역에 남아 있는 화려한 로마 양식의 건축물이 그 증거지

로마의 도로(북아프리카 리비아)

만 눈에 띄지 않는 더 중요한 유산이 있습니다. 바로 전략적 요충지를 핏줄처럼 연결했던 '로마의 도로'입니다. 로마의 전성기에—비포장도로는 제외하고— 돌로 포장된 도로의 길이만 약 80,500킬로미터에 달했습니다. 어느 정도일까요? 2017년 기준(12월) 우리나라 전체에 깔려 있는 고속도로의 길이가 약 4,732킬로미터*라고 합니다. 그러니 현재 우리나라에 놓인 고속도로의 약 17배 정도의 포장도로를 로마가 건설했다는 뜻이지요. 포클레인과 덤프트럭 없이 말입니다.

위의 사진은 북아프리카 리비아에 남아 있는 '로마의 도로'입니다. 세

---

* http://stat.molit.go.kr/portal/main/portalMain.dohttp://news.chosun.com/site/data/html_dir/2017/02/09/2017020901489.html

약 24피트(약 732센티미터)

커다란 돌 판

모래와 자갈을 시멘트에 섞음

자갈을 넣은 시멘트 반죽

바위를 부순 조각들

단단한 모래층 혹은 마른 땅

배수로

도로의 구조

월을 너무 오래 견뎌 이제는 많이 어그러졌지만, 소실점에 닿는 저 끝까지 널찍하게 또 일직선으로 반듯하게 뻗어 있었을 원래의 모습을 머릿속으로 그려보기엔 충분합니다. 이런 도로 건설은 넓적한 돌을 땅 위에 놓아두는 것만으로 끝나는 단순한 작업이 아니었습니다.

그림에서 보듯, 우선 땅을 다지고, 그 위에 모래를 덮고, 그 위에 시멘트 바른 큰 돌을 올리고, 또 그 위에 시멘트 바른 잔돌을 올린 후, 표면석을 덮습니다. 그런 다음 양옆으로 경계석을 세우고, 그 바깥쪽으로는 물이 범람하지 못하도록 도랑을 파는 것까지, 대단한 자원과 기술을 요하는 작업이었지요. 이렇게 도로를 놓아가다 강물을 만나면 다리를 건설했습니다. 당시로서는 신기술이라고 할 수 있는 아치를 이용해 튼튼한 돌다리를 놓아 군대와 물자가 편하게 다닐 수 있도록 한 것입니다.

다음 사진의 구조물은 다리처럼 보이기는 하지만 너무 좁고 높아 사람

스페인 세고비아의 수도교

이 다니기에는 위험해 보입니다. 역사 시간에 수도교水道橋*라고 익히 들어왔던 것으로 사람이 아니라 물을 위한 다리입니다. 영어로는 애퀴덕트 Aqueduct, 로마가 스페인의 세고비아에 CE 100년경에 건설한 것입니다.

도로를 깔고, 다리를 놓고, 심지어 도시에 급증하는 물 사용량을 충당하기 위해 수도교까지 건설하는 로마 사람들은 오솔길을 걷고 나무다리를 건너 지게로 물을 나르던 외지인들에겐 경탄의 대상일 수밖에 없었습니다. 반대로 로마 입장에서는 초라한 문화를 가지고 있던 사람들이 조

---

* 하천이나 도로의 위를 가로지르는 상하수도를 받치기 위하여 만든 다리이다. 고대 로마에서 물을 공급하기 위하여 계곡 사이나 낮은 지대에서 아치 모양으로 수로를 만든 데서 비롯한다.

롱의 대상이었습니다. 그래서 얕잡아 보는 의미를 담아 그들을 '바바리안Barbarian'이라고 불렀습니다.

바바리안은 원래 그리스인들이 그리스 말을 할 줄 모르는 외국인들을 지칭하던 용어였습니다. 이집트, 페르시아, 페니키아, 어느 나라 말이어도 그리스인의 귀에는 의미 없는 웅얼거림으로 들렸고, 그 웅얼거림을 '바바바'라는 의성어로 흉내 내면서 생긴 말입니다. 마치 우리가 모르는 언어를 흉내 낼 때 '쑤알라 쑤알라' 하는 것처럼 말입니다. 그러니까 바바리안의 원래 뜻을 우리말로 바꿔보면 '쑤알라 쑤알라 하는 사람'쯤이 됩니다. 이 말의 뜻이 넓어지면서 상대적으로 문명이 뒤처진 사람을 바바리안이라고 부르게 된 것인데, 강력한 군대와 선진 문명을 앞세워 유럽을 정복해가던 로마의 입장에서는 어땠을까요? 서유럽과 북유럽의 모든 사람들이 바바리안으로 보였을 겁니다.

노르만족

그렇다면 바바리안의 복식은 어떤 모습이었을까요? 스칸디나비아반도의 노르만족Norman族*에 대해 살펴보겠습니다. 노르만족은 우리에게 바이킹으로 더 잘 알려졌지요. 길고 날랜 배를 타고 다니며 노략질을 일삼는 우악스런 해적으로 말입니다.

너무나 당연한 말이겠지만 해적질은 불명예스러운 일입니다. 바닷길 위에 있는 어촌, 혹은 바다에서 강까지 물길로 이어져 배를 타고 갈 수

---

* 덴마크와 스칸디나비아 지방을 원주지로 하는 북방 게르만족 8세기부터 12세기에 걸쳐 유럽 각지를 침략하여 프랑스에 노르망디 공국, 러시아에 노브고로트 공국 등을 건국하였는데 이들을 바이킹이라 부른다.

사람들이 흔히 상상하는 바이킹의 모습

있는 강가 마을이 주요 공략 대상이었습니다. 힘없는 어민이나 농민을 죽이고 재산을 빼앗아 고향으로 도망치는 아주 비겁한 짓이지요. 그런데 이것은 어쩔 수 없는 선택이기도 했습니다. 스칸디나비아반도는 날이 추운 데다 토양이 산성이어서 곡식이 잘 자라지 않습니다. 남부에서는 부드럽고 맛있는 밀빵을 먹었지만, 이들은 거칠고 신맛이 나는 호밀빵을 먹어야 했습니다. 그런데 그 마저도 충분치 않았지요. 대신 배를 만들 수 있는 질 좋은 침엽수림은 지천으로 깔려 있습니다. 몸은 그 어떤 유럽인보다 크고 튼튼합니다. 아랍의 한 여행자는 그들의 몸을 보고 '야자대추나무만큼 크다'고 기록했을 정도였으니까요. 정리하자면, 농사가 잘 안되는 땅에 사는 덩치 큰 사람들에게 배가 있었던 겁니다. 해적질이 제격이었지요. 그들의 무시무시한 모습은 영화나 게임 등에서 종종 위의 사진과 같이 묘사되곤 하는데, 실제와는 많이 다릅니다.

우선 뿔 달린 투구를 쓰지 않았습니다. 이 모습은 독일 작곡가 바그너 Wilhelm Richard Wagner*의 오페라 〈니벨룽의 반지 Der Ring des Nibelungen〉** 초연 당시, 의상 감독의 아이디어에 따라 뿔 달린 투구를 바이킹 출연진에게 씌운 데서 비롯되었습니다. 이것이 1870년대의 일이었고, 이후 그 모습이 다른 미디어에서 지속적으로 재생산되면서 많은 이들의 머릿속에 각인 된 것입니다. 상상력의 결과물이 걷잡을 수 없이 광범위하게 퍼진 경우입니다.

또한 외모에 전혀 신경을 쓰지 않고 지저분했을 것이라 생각하기 쉬운데, 그것 역시 편견입니다. 그들은 토요일을 '씻는 날'이라고 불렀습니다. 일주일에 한 번씩 목욕했다는 의미지요. 그들의 무덤에서는 심심치 않게 면도기, 족집게, 귀이개, 빗이 출토됩니다. 항상 지니고 다니면서 머리와 수염을 단정히 다듬었다는 것을 추측하게 해주는 근거입니다. 다른 나라를 방문하면서 매일 아침 세수를 했다는 기록도 있습니다. 그러니 매우 깔끔한 사람들이었다고 보는 편이 더 타당합니다. 물론 우람한 근육을 드러내기 위해 벗고 다니는 경우도 없었습니다. 스칸디나비아반도는 추우니까요. 옷은 상의의 경우 주로 튜닉을 입었습니다.

이제 그들이 실제 입었던 옷을 살펴보도록 하겠습니다. 다음 사진은

---

*   독일의 가극 작곡가(1813~1883). 베토벤, 베버 등의 영향을 받고 종래의 가극에 대하여 음악·시가·연극 따위의 종합에 힘써 장대한 악극을 많이 썼으며, 독일 낭만파를 대표하는 대작을 남겼다. 작품에 평론 「오페라와 드라마」, 오페라 〈방황하는 네덜란드인〉, 〈탄호이저〉, 악극 〈트리스탄과 이졸데〉 등이 있다. 생전의 반유대주의 경향과 사후 나치당이 그의 음악을 전용함으로써 이스라엘에서는 바그너의 음악 연주가 금지되기도 했다.

**   4개의 악장으로 이루어진 서사 악극으로 오페라 역사상 가장 위대한 걸작 가운데 하나로 간주된다. 저주 받은 반지가 저주에서 풀려나기까지의 여정과 반지를 둘러싼 다양한 인물들의 이야기를 담은 것으로 고대 노르웨이와 아이슬란드의 전설집인 사가 및 중세 독일의 영웅 서사시 〈니벨룽의 노래〉에 기초하여 창작되었다.

보관 상태가 엉망인 튜닉

바지

신발 밑창

보관 상태가 엉망인 튜닉입니다. 옷의 재료인 양모가 너무 많이 낡아서 떨어져 나간 부분이 많습니다. 그래서 원형을 짐작하기 위해 새 천을 밑에 대고 그 위에 짜 맞추어본 모습입니다. 이 옷은 970년경에 제작된 것으로 스칸디나비아반도에서 발견되었습니다. 여기에 색색의 실을 엮은 것, 혹은 가죽으로 만든 허리띠를 동여맸지요.

하의로는 바지를 입었습니다. 옆의 아래(좌) 사진은 튜닉과 마찬가지로 보관 상태가 엉망인, 그래서 남은 부분만으로 추측해본 바지의 모습입니다. 통이 넓었고 밑단에 장식이 있는데, 다른 천을 무릎 아래에 둘둘 감아, 종아리 부분은 날씬하게 만들기도 했습니다. 그러면 활동하기가 훨씬 수월하지요.

신발은 주로 가죽신을 신었습니다. 옆의 아래(우) 사진은 뾰족한 코가 있는 신발의 밑창입니다. 간혹 모피로 만든 신발을 신기도 했지만, 그보다는 간편하고 실용적인 가죽신을 주로 신었습니다. 모양도 다양했습니다. 아래 사진은 독일에 있는 바이킹 박물관Hedeby Viking Museum에 전시된

독일 바이킹 박물관에 전시된 다양한 가죽신

107

다양한 가죽신입니다. 바닥만 남아 있는 가죽 조각은 이 중 하나의 모습과 유사한 신발이었을 것으로 추측합니다.

모두 평이했지만 후드는 특이한 모양이었습니다. 아래 사진에 보이는 것으로 어떤 모양인지 짐작하기가 어렵습니다. 오른쪽 위가 트여 있어 얼굴이 나오고, 아래쪽은 어깨를 덮는 형태입니다.

튜닉, 바지, 신발, 후드까지 사진을 보았지만 너무 오래되어 그 원래 모습을 상상하기란 여전히 어렵습니다. 최대한 원형에 가깝게 복원해본다면 오른쪽 그림과 같은 모습이 됩니다. 대중문화 속 바이킹의 모습과는 많은 차이가 납니다. 후드 때문인지 수도승처럼 보이기도 하고 암살자처럼 보이기도 합니다.

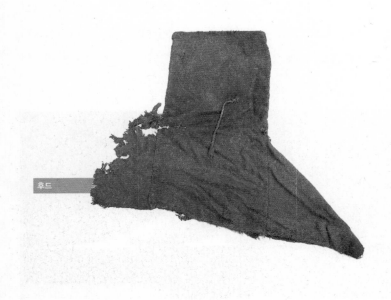

후드

복원된 한 벌의 바이킹 복식

이탄

사실 앞에 열거한 네 가지 아이템은 각각 다른 시대 다른 사람이 입었던 게 아니라 한 사람이 착용하던 것입니다. 이 완벽한 한 벌의 복식을 찾은 것은 1936년 여름 북부 노르웨이에서였습니다. 한 농부가 겨울에 땔감으로 쓸 요량으로 진흙을 벽돌 모양으로 떠내고 있었습니다. 그런데 잠깐, 진흙을 땔감으로 쓴다는 것이 생소합니다. 늪지대 주변에서는 이탄이라는 것이 생성됩니다. 진흙 '이泥', 숯 '탄炭' 자이니, 진흙으로 된 연료쯤으로 이해할 수 있습니다. 죽은 식물이 퇴적되었다가 완전히 분해되지 않고 오랜 시간 압착된 것인데, 이를 말리면 석탄처럼 연료로 사용할 수 있습니다.

이 이탄을 채취하기 위해 늪지대를 파고 있던 농부가 옷을 입은 미라 상태의 시신을 발견하고 경찰에 신고했는데, 지역 경찰은 무연고자의 시신으로 생각하고 동네 공동묘지에 묻어버립니다. 중요한 복식사 유물이 그대로 사라지고 말 뻔한 순간이었죠. 우연히 이 소식을 듣게 된 한 박

늪지대 주변에서 이탄을 채취하고 있는 모습

물관 직원들은 이 시신이 이탄지대에 있었다는 사실에 주목했습니다. 이탄은 불완전한 부패 때문에 생성됩니다. 이는 다른 지역에 비해 부패 속도가 현저히 느리다는 뜻이고, 그렇다면 거기에 있던 시신도 매우 오래되었을 가능성이 충분하다는 데까지 생각이 닿은 겁니다. 부랴부랴 시신을 다시 꺼내 검사해봤지요. 예상은 적중했고, 덕분에 앞에서 살펴본 유물들을 확보할 수 있었던 것입니다. 들판에서 죽음을 맞이하고 천 년이 지난 후 농부에게 발견되었다가, 경찰에 의해 묻혔다가, 결국 박물관 직원들에 의해 다시 파내진 이름 없는 시신에겐 미안한 일이지만, 그가 입고 있던 옷은 노르만족의 복식을 재구성해볼 수 있는 근거가 되었습니다.

이처럼 전혀 예상하지 못했던 곳에서 발견되는 시신이나 무덤들은 여러 바바리안 민족의 문화 연구에 큰 도움이 됩니다. 일례로, 프랑스의 고속열차인 TGV 선로 건설 현장에서 발견된 켈트족*의 집단 무덤에서는 다양한 종류의 금속 장신구가 발견되었고, 이를 토대로 그들의 야금술이 뛰어났다는 것을 알 수 있었습니다. 비단 프랑스뿐만 아니라 헝가리, 영국, 독일, 스페인까지, 유럽 전역에서 이와 유사한 유물이 발견되면서 그들이 야생 멧돼지를 중요한 상징물로 사용했다는 것, 그리고 체크무늬 천을 즐겨 사용했다는 사실도 알게 되었습니다.

---

* 청동기시대 독일 남동부가 원주지로서 BCE 10—BCE 8세기 무렵부터 이동을 시작했고, BCE 6—BCE 4세기쯤 갈리아·브리타니아에 진출했다. 독특한 철기 문화를 지녔으며 목축경제를 기반으로 성장했다. 이들의 풍습과 언어는 아일랜드·웨일스·브르타뉴에 흔적이 남아 있다. 로마인들은 이들을 '갈리아인'이라고 불렀다. 로마군과 싸우는 켈트족 전사들의 이야기를 그린 장편만화 『아스테릭스』로 유명하다.

켈트족의 유물들_(1) 손에 쏙 들어오는 작은 멧돼지 장식물 (2) 동전에 새겨진 멧돼지, 투구에 멧돼지 장식을 달았던 것으로 추정 (3) 기둥에 새겨 놓은 멧돼지

선진 문명과 후진 문명

물론 그곳이 문명이 발달된 곳인지, 아니면 뒤처진 문명을 가지고 있었는지에 상관없이, 무덤과 무덤 속 부장품이 귀중한 역사적 사료가 된다는 사실은 변하지 않습니다. 하지만 중요한 차이점이 있습니다. 바로 유물을 설명해주는 문자 기록의 유무입니다.

　그리스와 마찬가지로, 로마의 지배층 역시 글 쓰는 일에 열심이었습니다. 로마의 첫 번째 황제 옥타비아누스의 양아버지이자 로마 역사상 최고의 장군으로 추앙받는 카이사르*도 글을 잘 썼습니다. 대표작은 『갈리아 전기 *Commentarii de Bello Gallico*』**입니다. 7년간 갈리아 지방을 정복하는 과정을 자세하게 기록해놓았다고 해서 '전기戰記'라고 불립니다. 라틴어로 갈리아 Gallia, 영어로 고울 Gaul이라고 하는 것은 서유럽 영토를 일컫는 말입니다. 지금의 프랑스, 벨기에, 룩셈부르크, 스위스, 네덜란드, 독일까지 포함하는 드넓은 땅이었습니다. 이곳에서 바바리안들을 제압하며 정복 전쟁을 이끌던 카이사르 장군은 세세한 전황을 기록했고, 이를 로마에 보냄으로써 자신의 정치적 기틀을 다지게 됩니다. 먼 곳에서 벌어지고 있지만 분명 로마의 영광을 위한 전쟁이고, 아무도 말해주지 않으면 잊히고 말 테니, 자신의 업적을 널리 알릴 수 있는 홍보물을 스스로 만든 셈입니다. 간결하고 우아한 문체와, 새롭게 3인칭 시점을 사용한 점 등이 높게 평가되면서 문학사적인 측면에서도 명작으로 인정받고 있습니다. 약

---

* 로마의 군인이자 정치가(BCE 100~BCE 44). 군사적으로 뛰어난 전략가로 갈리아 지방(지금의 프랑스, 북이탈리아 등)과 브리타니아(지금의 영국)를 정벌해 유럽까지 로마의 세력을 넓혔다. 시저·케사르로 불리며 뛰어난 문장가이기도 했던 그는 사회·경제적 개혁정치를 통해 평민들의 권익을 옹호했던 인물이다. 그러나 공화정을 지키고자 한 로마의 정서와 달리 황제를 추구했기 때문에 가장 믿었던 자의 손에 죽음을 맞는 비극의 주인공이 된다.

** 총 8권으로 이루어진 『갈리아 전기』는 그중 제8권만 카이사르 사후 집정관이 된 아울루스 히르티우스가 기록했고, 제1권부터 제7권까지는 카이사르 본인이 직접 썼다.

2,000년 전에 쓰인 책인데도 아직까지 전 세계 서점 어디에서나 찾아볼 수 있지요. 이와 같은 자전적 글뿐만 아니라 시, 희곡, 역사서, 위인전, 철학서 등 다양한 책이 쓰이고 읽혔습니다. 현대의 우리는 그 책들을 통해 로마시대를 엿볼 수 있습니다. 가장 유명한 역사 속의 한 줄이 틀림없을 "주사위는 던져졌다Alea iacta est"*는 정복 전쟁을 끝내고 본국으로 돌아가는 길에 또 다시 목숨을 걸고 내전을 치러야 할 운명이 다가오고 있음을 직감한 카이사르가 병사들에게 던진 말입니다. 이 말을 외친 날짜가 정확히 BCE 49년 1월 10일이었다는 세세한 정보까지 우리가 알 수 있는 것은 모두 이런 기록 덕분이지요. 반면, 서유럽 및 북유럽에 흩어져 있던 각 부족국가에는 문자를 기록하고 그것을 읽는 고급문화가 거의 없었습니다.

예술품에 있어서도 큰 차이가 납니다. 그리스의 도자기에 그려진 그림과 리비아의 조각상은 썩지 않으므로 수천 년 지난 후에도 클라미스와 팔라의 온전한 모습을 확인할 수 있습니다. 하지만 이탄지대에 묻혀 있던 시신의 옷은 넝마가 되었습니다.

어떤 장례관습을 가지고 있었는지에 따라 또 차이가 납니다. 이집트의 무덤은 더없이 화려하게 잘 꾸며졌습니다. 그곳에 아름다운 벽화가 있었기에 네페르타리가 어떤 옷을 입었는지, 마치 사진을 보듯 쉽게 파악할 수 있습니다. 하지만 시신을 태운 후, 그 재를 특별히 꾸미지 않은 땅속

---

* 영어로는 "Let the die be cast", 혹은 "The die has been cast"라고도 쓴다. 루비콘강을 건너면 당시 로마의 국법을 어기는 것이고, 이는 돌이킬 수 없는 내전으로 향하는 것임을 의미한다는 뜻에서 한 말이다. 그 이후 '돌이킬 수 없는 전환점', '다시 돌아올 수 없는 길'을 의미할 때 이 어구를 인용하게 되었다. 카이사르가 직접 생각해낸 말은 아니고 자신이 좋아하는 그리스 희극작가 메난드로스의 작품에서 인용했다고 한다. 이 밖에도 "루비콘강을 건너다(Crossing the Rubicon)", "왔노라, 보았노라, 이겼노라!(I came, I saw, I conquered!)", "브루투스, 너마저?(You too, Brutus?)" 등의 명대사들이 인구에 회자된다.

에 묻었던 노르만족의 무덤에선 벽화를 기대할 수 없습니다.

기록도, 부장품도, 예술품도, 무덤 속 벽화도, 아주 운 좋게 발견되는 시신도 없다면 어떻게 될까요? 당시의 시대상 전체가 어둠 속에 묻혀버릴 수밖에 없습니다.

또 한 가지 안타까운 점은 계층 간 문화적 이질성이 존재했다는 사실입니다. 바바리안 민족, 그중에서도 지배계급은 로마와 접촉할 기회가 많았기 때문에 신문물을 빨리 습득할 수 있었습니다. 패션 역시 마찬가지여서 지배계급의 복식은 로마패션을 모방한 경우가 많았지요. 하지만 타문명과 교류할 기회가 많지 않은 일반 백성은 원래 입던 그대로의 전통복식을 유지합니다. 그런데 어떤 형태가 됐더라도 유물을 남길 가능성이 높은 쪽은 지배계층이었을 겁니다. 로마화된 지배계층의 옷은 유물로 남는데 반해 숲속에 사는 백성의 전통복식은 썩어 없어진다는 말입니다. 바바리안 복식의 역사가 쉽게 왜곡될 수 있는 이유입니다.

체크와 다마스크

켈트Celts족은 유럽 전역에 분포했기 때문에 유럽 여러 국가 중 딱 어느 나라가 켈트족의 후손이라고 말하기 어렵습니다. 하지만 켈트족이 즐겨 입었다던 체크무늬, 즉 타탄Tartan의 문화를 따라가다 보면 스코틀랜드에 다다르게 됩니다. 타탄의 전통이 수천 년간 이어진 것입니다.

체크는 직조하는 방법이 간단합니다. 베틀에 빨간 실을 열 줄 넣은 다음 파란 실을 열 줄 넣습니다. 이것을 반복하면 빨강파랑 줄무늬가 됩니다. 씨실은 가로실, 날실은 세로실입니다. 씨실과 날실 모두에 이 작업을 하면 체크무늬가 되겠지요. 어린아이라도 몇 번 보면 따라 할 수 있습니다.

반면 문명의 중심이었던 곳에서는 화려한 직조기술이 나날이 발전해갔습니다.

타탄을 입은 스코틀랜드 군인들(1631년경)

3~5세기 직조물

다마스크 직조(16세기 이탈리아)

브로케이드 직조(16세기 이탈리아)

위 왼쪽은 커튼의 한 조각으로 로마의 지배를 받던 이집트에서 발견된 것입니다. 3~5세기 무렵 제작된 것으로 한눈에 보기에도 체크와 비교할 수 없을 만큼 정교한 직조기술이 사용되었습니다. 그 후 혁신적인 직조기술인 다마스크Damask*, 브로케이드Brocade** 등을 이용해 한층 더 복잡하고 화려한 패턴의 직물을 생산했고, 귀족들의 무한한 사랑을 받게 됩니다.

현재, 로마로부터 무시를 받았던 잉글랜드(당시에는 브리타니아였습니다), 그 잉글랜드로부터 무시를 받았던 스코틀랜드의 타탄은 언제 어디서나 사랑받는 필수 아이템이 되었는데 반해 다마스크나 브로케이드를 입는 사람은 별로 없습니다. 아주 오래된 찻집의 소파에서나 찾아볼 수 있을까요?

---

* 피륙의 하나. 능직이나 수자직 바탕에 금실·은실 따위의 아름다운 실로 무늬를 짜 넣는데, 주로 커튼이나 책상보 따위로 쓴다.

** 다채로운 무늬를 부직(浮織)으로 짠, 무늬 있는 직물을 통틀어 이른다. 색실이나 금실, 은실을 씨실로 사용하여 꽃 따위의 무늬를 놓아 짜거나 수를 놓은, 화려한 견직물이 많다.

중세 유럽

_바지와 양말

이제 고대를 벗어나 중세로 넘어오도록 하겠습니다. 중세는 바바리안이라고 뭉뚱그려졌던 서유럽, 북유럽의 민족들이 나라를 세우고 힘을 키우는 시기입니다. 지중해 인근 국가에 끌려 다니는 것이 아니라 힘의 다극화가 이루어져 본격적인 경쟁의 시대로 접어든 것입니다. 그러는 사이, 패션은 공존을 모색하기 시작합니다. 네 것의 부족함을 내 것으로 채우고, 반대로 불편한 내 것을 편리한 네 것으로 대체하는 일이 활발해진 것이지요. 그 모습이 잘 함축되어 있는 패션 아이템은 바지였습니다.

중세에 활약한 프랑크족과 노르만족

서양의 역사를 커다란 마디로 나누면 고대와 중세, 그리고 근현대, 이렇게 세 시기로 단순화할 수 있습니다. 그리스가 번성하기 시작한 때부터 서로마가 멸망한 476년까지가 고대, 그 이후 약 천 년간이 중세, 그리고 1453년 동로마(비잔틴)제국의 멸망부터 지금까지가 근현대입니다. 고대는 아주 먼 옛날이지만 문화적 연속성을 가지고 있었던 그리스와 로마의 이야기로 가득한 시대여서 비교적 명료한 이미지로 다가옵니다. 근현대는 가까운 과거이기에 역시 이해하기 어렵지 않습니다. 그렇다면 중세는 어떨까요?

중세의 시작과 함께 성장한 것이 프랑크족의 메로빙거왕조(476~750)이고, 이것을 계승하고 확장시켜 제국으로 만든 것이 역시 프랑크족의 카롤링거 왕조(750~887)입니다. 샤를마뉴 대제의 집권시절(768~814)은 카롤링거 제국의 전성기였습니다. 사방으로 영토를 확장하고, 왕권을 강화하고, 종교인에게 교육을 권장해서 대학교육의 초석을 놓고, 경제를 발전시키면서 서유럽의 패권을 잠깐 차지하기도 했습니다. 하지만 카롤링거 제국이 샤를마뉴의 아들을 거쳐 다시 세 명의 아들에게 분할 상속(843)되면서 제국의 힘도 나누어졌습니다. 셋으로 분할된 영토는 프랑스, 독일, 그리고 북부이탈리아의 전신이 됩니다.

한편, 따뜻한 남쪽 땅을 탐내던 노르만족은 하루가 멀다 하고 프랑스 도시들을 습격합니다. 샤를마뉴의 4대손으로 프랑스 왕이었던 샤를 3세(879~929)는 더 이상 견딜 수 없다고 판단하고 고육지책으로 서쪽 귀퉁이 땅을 떼어줍니다(911). 이것이 노르망디^{Normandy}(29,906제곱킬로미터)입니다. 경기도(10,183제곱킬로미터)의 세 배 가까운 넓은 땅이었지요. 이때, 우스꽝스러운 역사 속 한 장면이 펼쳐집니다. 땅을 주는 대가로 주군과 봉신의 관계를 맺고자 만난 자리, 샤를 3세는 노르만족 대장인 롤로^{Rollo(860~932)}에게 발을 내밀며 입을 맞추라고 명합니다. 상하관계를 명확히 하자는 것이지요. 자존심이 상한 롤로는 직접 나서는 대신 부하를 내보냅니다. 평생 해적으로 살아온 그 부하는 해적에 걸맞는 새로운 방식의 입맞춤을 선보였습니다. 허리를 숙여 제 입을 발에 가져다 댄 것이 아니라 발을 들어 올려 제 입까지 끌어당긴 것입니다. 한쪽 발이 한껏 들린 왕은 발라당 자빠지고 맙니다.

그 후, 노르망디에 터를 잡은 노르만족의 후손은 힘을 더 키운 다음 1066년 바다를 건너가 잉글랜드의 왕위까지 차지합니다. 그가 롤로의 5대 손인 정복자 윌리엄William the Conqueror(1028~1087)입니다.

암흑시대

이처럼 서유럽 전역에서 게르만족의 분파인 프랑크족과 노르만족이 맹위를 떨치던 시절, 서유럽 고유의 봉건제와 장원제가 그 꼴을 갖추어갑니다. 봉건제는 샤를 3세와 롤로의 일화에서 본 것처럼 땅을 주고 그 대가로 충성을 맹세하는 정치체계이고, 이것이 유지될 수 있도록 뒷받침한 경제체계가 장원제입니다.

장원을 구성하는 인적 요소는 농노, 영주, 종교인, 크게 세 부류입니다. 장원을 구성하는 시설 요소는 조금 더 다양한데, 농노를 중심으로 설명할 수 있습니다. 농노가 일하는 밭이 있고, 농노가 살 집이 있고, 농노가 이용할 수 있는 방앗간 등이 있고, 농노가 예배 드릴 수 있는 교회가 있고, 마지막으로 농노가 모시는 영주의 성이 있습니다. 즉, 농노가 농산물이라는 재화를 생산할 수 있는 필요조건을 갖추어 두고, 그들이 생산한 재화를 농노, 영주, 종교인이 나누어 갖는 경제구조였습니다. 물론 영주와 종교인도 나름의 역할이 있었습니다. 영주는 외적에게서 농노를 보호했고, 종교인은 농노의 종교생활을 지도했습니다. 장원에서는 직물이나 옷과 같은 패션제품의 생산도 농노에 의해 이루어졌습니다. 이처럼 의·식·주 모두 장원 내에서 공급되므로 장원을 '자급자족' 사회로 설명하곤 합니다. 자급자족 사회는 외부와의 교류가 절실하지 않기 때문에 폐쇄성이 강합니다. 외부와 단절된 그들만의 세상을 구축하면 안전하다는 장점이 있지만 문화의 발전은 더딥니다. 이런 사회는 어떻게 평가될 수 있을까요?

중세의 영어 정식 명칭은 미들 에이지스Middle ages인데, 그보다는 다크 에이지스Dark ages, 즉 '암흑시대'라는 불명예스러운 별칭으로 더 자주 불립니다. 고대와 비교했을 때, 시간상 더 나중임에도 불구하고 사회, 정치, 문화, 복지 등 거의 모든 면에서 오히려 퇴보한 것으로 보이기 때문입니다. 고대가 빛이었다면 중세는 캄캄한 어둠이었다는 뜻이지요.

중세 천 년의 역사를 뭉뚱그려 '암흑'이라고 폄훼한 최초의 장본인은 초기 르네상스 시대의 인문학자 페트라르카Petrarch였습니다. 중요한 점은 그가 이탈리아인이었다는 것입니다. 정리

페트라르카

하자면, 고대의 서유럽·북유럽은 로마(이탈리아)에 의해 '바바리안'이라고 조롱을 받았고, 서유럽·북유럽 출신의 프랑크족과 노르만족이 주도한 중세의 역사는 이탈리아 학자에 의해 '암흑시대'라고 평가, 혹은 조롱을 받은 것이지요. 울분이 쌓였던 걸까요? 변방에 불과했던 영국, 프랑스 등은 충분한 힘을 갖게 되자 대제국을 건설하겠다며 전 세계를 들쑤시고 다니게 됩니다.

---

* 이탈리아의 시인이자 학자(1304~1374). 초기 인문주의자의 한 사람으로 작품에 「칸초니에레」, 서사시 「아프리카」가 있고, 저서로 『고독한 생활에 대하여』 등이 있다.

바지일까, 양말일까?

패션에 있어서도 여전히 주도권을 가지고 있는 것은 지중해 인근의 국가들이었습니다. 자급자족하는 사회에서 농노의 아낙들이 생산하는 직물과 옷은 아직까지 조악했기 때문입니다. 지배계층이 원하는 실크, 섬세한 자수, 고급직물과 같은 사치품은 주로 비잔틴제국, 이탈리아의 도시국가, 비교적 로마 문화의 혜택을 많이 받았고 또 아시아의 이슬람국가로부터 고급직물 제조 기술을 전수받은 스페인에서 수입했습니다.

그런 가운데, 서유럽·북유럽의 게르만 민족이 입던, 그래서 야만의 문화로 취급받던 바지가 서서히 유럽 전역으로 전파되기 시작합니다. 그런데 여기서 분명히 해야 할 점이 있습니다. 우리 문화에서 말하는 바지는 주로 남자가 입는 것으로 두 개의 바지통이 허리 부근에서 맞닿은 하의 정도로 단순하게 정의할 수 있지만 서양 역사에서 말하는 바지는 훨씬 광범위합니다. 서유럽·북유럽 부족국가에서 자생적으로 발달한 바지의 형태가 우리가 알고 있는 것보다 더 다양했기 때문입니다. 매우 특이한 모양을 하고 있는 4세기경의 바지를 살펴보겠습니다.

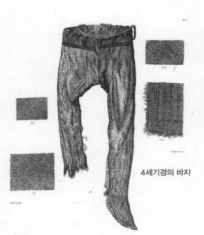

4세기경의 바지

옆 그림은 한쪽이 떨어져 나간 상태로 독일에서 발견된 통이 좁은 바지의 스케치입니다. 바지와 양말이 한 몸으로 만들어져 있어 우리가 생각하는 바지와 크게 다릅니다. 양말을 따로 신지 않아도 된다는 점에서는 아주 편리했을 겁니다. 하지만 시원한 개울가 바위에 걸터앉아 발을 닦고 싶을 때면 바지를 몽땅 벗어야 했을 테니 그런 점에서는 불편했겠지요. 그런데 여기서 한 가지 의문이 생깁니다. 저 옷의 주인은 발가락 끝까지 덮는 '바지'를 입었던 걸까요? 아니면 허리까지 올라오는 '양말'을 신었던 걸까요? 이 질문에 정확하게 답하려면 양말에 대해서 살펴봐야 할 것 같습니다.

삭스와 필로이

양말은 한자어입니다. 큰 바다 혹은 서양을 뜻하는 '양洋' 자와 버선 '말襪' 자를 붙여놓은 것으로 '서양의 버선'이라는 뜻이지요. 양복洋服과 마찬가지로 서양에서 왔다는 것을 분명히 함으로써 우리의 전통 복식과 차이가 있다는 것을 강조하고 있습니다. 영어로는 '삭스Socks'입니다. 삭스의 어원은 고대 그리스까지 거슬러 올라갑니다. 그곳에는 '시코스Sykhos'라는 부드러운 가죽신이 있었습니다. 신발이긴 했지만 모양만 보자면 현대의 양말과 거의 흡사했지요. 주로 극장에서 우스꽝스러운 역할을 맡은 배우들이 신었습니다. 이것이 로마로 전해져 '소쿠스Soccus'라 불렸고, 또 이것이 앵글로 색슨족의 말, 즉 고대 영어로 전해졌을 때는 '속Socc'이 되었고, 현대 영어의 '삭스Socks'로 굳어져 양말을 지칭하게 된 것입니다. 그런데 삭스의 기원이 신발이라면, 진짜 양말의 기원은 어디서 찾아야 할까요?

신발을 신기 시작한 지 한참 뒤까지도 인류는 양말의 존재를 몰랐습니다. "양말이 먼저냐, 신발이 먼저냐?"라고 누가 묻는다면 "신발"이라고 대답하는 것이 옳다는 뜻입니다. 삭스의 어원과 마찬가지

시코스

소쿠스

로 실제 양말의 조상에 대한 맨 처음 기록 역시 고대 그리스에서 찾을 수 있습니다. 혹시 헤시오도스 Hesiodos라는 그리스 시인을 아시나요? BCE 8세기에 살았던 사람이니, 우리나라 역사에 대입해보자면 고조선 사람이네요. 민중의 일상과 농업 노동의 존귀함을 즐겨 노래하고, 영웅 서사시에도 뛰어났던 사람으로 대표작은 「신통기Theogony」 혹은 「신들의 계보」라고 알려진 책입니다. 그리스 신들이 어떻게 탄생했고, 어떻게 세상을 지배하게 되었으며, 어떤 관계에서 어떤 신이 새롭게 태어나게 되었는지를 설명하는 것이지요. 우리나라에서도 그리스 신화에 관한 책과 만화가 상당히 인기 있는데, 이 모든 작품들의 직접적인 조상이 바로 「신통기」입니다. 혹시 이름을 몰랐다 하더라도 그리스 신화를 읽은 사람이라면 헤시오도스의 간접적인 독자라고 할 수 있지요. 그의 또 다른 작품으로 「노동과 나날Works and Days」이 있습니다. 우리나라 정학유*가 지은 「농가월령가農家月令歌」와 마찬가지로 계절에 따라 꼭 해야 하는 농사일이 무엇인지 소상히 알려주는 실용적인 책입니다. 여기서 그는 추운 겨울날 밭일을 나가는 농부를 위해 친절하게 이렇게 일러줍니다.

"도살한 소의 가죽으로 만든 꼭 맞는 장화를 너의 발에 신고 (발바닥 밑에는) 두툼한 필로이를 깔아라."

---

* 정학유(丁學游)는 조선 헌종 때의 문인(1786~1855)으로 호는 운포(耘逋)이다. 다산 정약용의 둘째 아들로 권농(勸農)을 주제로 농가에서 1년 동안 할 일을 달의 순서에 따라 읊은 「농가월령가」를 지었다.

그리스어 필로이는 '펠트Felt'를 말합니다. 양이나 염소의 것과 같이 부드러운 털을 뭉쳐서 만든 두툼한 펠트 한 장을 신발 밑바닥에 까는 것이 양말의 시초인 셈이지요. 참고로 펠트Felt는 펠트Pelt와 혼동하기 쉽습니다. Felt는 동물의 털을 뭉쳐 만든 직물이고, Pelt는 털이 붙어 있는 상태로 벗겨낸 동물의 생가죽입니다. 뜻과 발음 모두 다른 말이지만 우리글로 적을 때는 둘 다 '펠트'이니 주의해서 봐야 합니다.

위닝가스와 낙타발 양말

그런데 전혀 다른 형태를 가진 양말의 조상도 존재했습니다. 북유럽 민족의 전통복장에서 찾아볼 수 있습니다. 아래 사진에서 보이는 길게 말아놓은 천이 바로 그것입니다. 폭은 10센티미터 남짓이고 길이는 3미터 가량인 이 천을 발목부터 무릎 아래까지 둘둘 감으면 따뜻할 뿐만 아니라 정강이를 보호할 수도 있었습니다.

북유럽 민족들이 위닝가스Winingas라고 부르던 이 양말의 조상은 자연스럽게 로마군에게도 전파됩니다. 바로 카이사르가 갈리아에서 정복 전쟁을 치르고 있던 시절이지요. 당시의 로마군은 튜닉 아래 바지를 입지 않았기 때문에 여러 모로 불편함을 겪었습니다. 맨다리로 숲속을 행군하다 보면 가시덤불에 다리를 긁히기 일쑤였고, 본국보다 훨씬 더 추운 서유럽 날씨에 몸을 떨어야 했

나도 양말의 조상

지요. 그럼에도 불구하고 바지만은 입을 수 없었습니다. 바지는 자신들이 무시하는 바바리안의 문화였으니 따를 수가 없었던 것이지요. 그래서 위닝가스가 훌륭한 대안이 될 수 있었습니다. 다리를 보호해주었을 뿐 아니라 보온성도 있었고, 왠지 허전했던 하체를 장식해주는 효과도 누릴 수 있었으니까요. 로마인들은 위닝가스라는 이름을 그대로 사용하지 않고, 라틴어 뜻에 맞게 티비알래Tibialae라고 바꾸어 불렀습니다. 64쪽에 실려 있는 그림에서 다리뼈 이름을 다시 한 번 살펴보시기 바랍니다. 정강이와 연관성이 큰 이름임을 짐작할 수 있습니다.

또 다른 양말의 조상은 이집트에서 찾을 수 있는데, 아래 사진에서 보는 것처럼 놀라운 모양입니다. 4세기경에 제작된 이 양말은 낙타의 발톱을 본 뜬 것처럼 한가운데가 깊숙이 갈라져 있습니다. 사람들은 "혹시 외계인이 신던 것 아닌가?" 하고 농담을 주고받기도 했지요.

그런데 정말 놀라운 것은 특이한 모양이 아니라 그 정교함에 있습니다. 이 양말은 실물로 남아 있는 양말 유물 중 가장 오래된 것임에도 불구하고 기능적인 측면에서 전혀 부족함이 없어 보입니다. 흘러내리지 않도록 끈을 묶어 발목에 단단히 조일 수 있었고, 섬세하게 뜨개질한 발끝 부위와 발목 부위를 연결하여 현대의 양말에서나 볼 수 있는 인체공학적 디자인까지 적용되어 있습니다. 낙타 발톱 모양인 것만 제외하면 쇼핑몰에서 수면 양말로 판매해도 될 만큼 완성도가 높습니다. 약 1,700년 전의 양말이라는 사실이 그저 놀라울 따름입니다.

낙타 발톱처럼 생긴 양말

바지가 양말을 만났을 때

바지 이야기를 꺼냈다가 이렇게 양말의 이야기를 장황하게 늘어놓은 데에는 그만 한 이유가 있습니다. 바지와 양말이 일체형으로 된 옷, 그리스의 발바닥 양말 필로이, 북유럽의 정강이 양말 위닝가스 혹은 티비알래, 이집트의 완벽한 양말까지, 유럽의 복식사에서는 이렇게 서로 다른 양말들이 서로에게 영향을 주는 과정을 통해 발전했고, 시간이 흐르면서 스타킹으로, 호즈로, 또 타이츠로 진화했습니다.

다양한 양말 문화와 바지를 입지 않던 로마의 문화가 결합되면서 어떤 특성이 나타났을까요? 바지와 양말 모두 하나의 완전한 하의로 인정받게 되었다는 것입니다. 무슨 말이냐고요? 우리나라 전통 복식에 대입해서 생각해보면 어떤 의미인지 쉽게 이해할 수 있습니다. 고려나 조선 등, 우리 선조들이 바지를 입지 않은 상태로 버선만 신고 있었다고 상상해봅시다. 매우 남부끄러운 모습일 겁니다. 하지만 유럽의 패션에서는 바지 없이 양말만 신는 것도 전혀 이상한 차림이 아니었습니다. 서양 복식과 우리 전통 복식 간에 존재하는 큰 차이 중 하나입니다.

또 한 가지 기억해야 할 점이 있습니다. 현대의 우리는 스타킹이나 타이츠 등을 보면서 무심코 여성의 옷으로 생각하지만 역사를 살펴보면 이는 사실이 아닙니다. 양말부터 스타킹, 호즈, 타이츠까지, 모두 남자 옷 위주로 발전해왔습니다.

이제 앞에서 던졌던 질문에 답할 때가 되었습니다. 바지 양말 일체형 옷은 발끝까지 덮는 바지일까요, 아니면 허리까지 올라가는 양말일까요? 저 당시의 모습대로라면 바지인데 양말을 덧붙였다고 말하는 것이 옳습니다. 허리를 여밀 수 있도록 벨트 고리까지 달려 있으니 바지가 아

페르디난트 대공. 스타킹과 반바지의 조화를 볼 수 있는데, 이와 같은 유형의 반바지를 트렁크 호스 (Trunk hose)라고 한다(야콥 자이제네거 작, 1548).

니라고 할 수 는 없겠지요. 이렇게 답은 간단하지만 저기 담겨 있는 서양 패션의 두 가지 특성은 다시 한 번 생각해볼 만합니다. 첫 번째는, 이미 설명한 바와 같이 바지를 발끝까지 내리거나 양말을 허리까지 올려도 각각의 독립된 하의로 인정받을 수 있었다는 점입니다. 그렇다면 두 번째는 무엇일까요? 중간에서 만나는 일도 있었다는 것입니다. 바지와 양말이 각각 짧아지거나 길어져서 무릎 부근에서 만나는 것이지요. 우리 전통 복식에서는 거의 볼 수 없는 반바지가 서양 복식사에 자주 등장하는 배경입니다.

연결고리_ **너의 의미는**

대학의 졸업식에선 정사각형의 학사모를 씁니다. 유치원을 졸업할 때 쓰는 경우도 있습니다. 하지만 학사모를 왜 쓰는지, 또 모자는 왜 정사각형인지에 대해서는 잘 모릅니다. 그 유래와 의미를 알게 된다면 훨씬 더 의미 있는 졸업식이 될 수 있을 겁니다. 정사각형 학사모의 기원이라며 회자되는 이야기는 다음과 같습니다.

졸업식이 열리던 고대 그리스의 한 학교. 특별한 날을 맞은 귀족의 자제들은 너나 할 것 없이 가장 화려한 옷을 꺼내 입고 모여들었습니다. 그런데 유독 어느 한 청년은 매우 남루한 차림이었습니다. 옷만 허름하다면야 그냥 눈감을 수도 있었겠지만, 이 청년의 손에는 미장할 때 사용하는 네모난 흙판이들려 있었습니다. 공사장에서 일을 하다가 급하게 달려온 것이지요.

미장할 때 쓰는 네모난 흙판이 학사모의 기원이라고?

격에 맞지 않는 청년의 복장을 불쾌하게 생각한 귀족들은 급기야 큰 소리로 꾸짖기 시작했습니다. "신성한 졸업식장에 이런 차림이 어울린다고 생각하나?" 그때, 한 교수가 분연히 몸을 일으켜 그 청년이 아니라 오히려 고매한 귀족들을 향해 일갈합니다. "이 학생들이 졸업을 한다는 것이 무슨 의미를 가지는지 생각해보았소? 이제 이들은 세상에 나가 땀 흘리며 일할 것이오. 그 손에 흙판이 들려 있다 한들 그것이 왜 잘못됐단 말이오!" 거기 있던 사람 중 그 누구도 일언반구 대꾸하지 못했습니다. 큰 깨달음을 얻은 것입니다. 그 후 모든 학생은 노동의 신성함을 상징하는 흙판 모양의 모자를 쓰고 졸업하게 되었습니다.

이 일화에 등장하는 남루한 차림의 청년이 누군지 모릅니다. 큰 깨달음을 준 그 교수가 누군지도 알 수 없습니다. 고대 그리스의 어느 학교에서 벌어진 일인지도 알려지지 않았습니다. 고대사회에 대해 약간의 관심이라도 가진 사람이라면 이 이야기가 얼마나 터무니없는지 벌써 눈치 챘을 겁니다.

우선 졸업식이라는 행사 자체가 있었는지 의문입니다. 또 땀 흘려 일하는 것은 노예의 몫인데, 왜 귀족들이 노동의 가치에 대해 감화를 받았는지 알 수가 없습니다. 마지막으로, 고대 그리스 때부터 사각 졸업모를 썼다는데, 왜 그 모습을 예술 작품에서 찾을 수 없는 걸까요? 책에서 인터넷에서, 아무렇게나 회자되고 있는 이야기가 마치 사실인 양 알려지고 있고, 어느새 학사모는 노동의 가치를 상징하게 되었습니다.

다른 성격의 이야기도 있습니다. 간략히 말하자면, "고대 로마에서 노예에게 자유를 줄 때, 어떤 모자를 씌워주었는데, 그 모자에 수술이 달려 있었고, 그래서 학사모에도 수술이 달려 있는 것이고, 따라서 의미는 자유를 방어하는 사람이 되라는 것"이라는 내용입니다. 고대 로마에서 노예를 풀어줄 때 삼각형 모양의 펠트Felt

성직자의 비레타

모자*를 씌워주던 풍습이 일부 있었던 것은 사실이지만, 거기에 수술이 달려 있었는지는 확실하지 않습니다. 또 로마시대의 노예가 얻은 자유를 왜 대학을 졸업하는 현대인이 되새겨야 하는지도 이해할 길이 없습니다. 그리고 대졸자가 방어해야 하는 그것은 과연 누구의 자유일까요? 어쩌다 보니 이제 학사모는 자유를 상징하게 되었네요.

졸업식 가운과 학사모에 대한 가장 신빙성 있는 설명은 중세 교회의 성직자들 복장에서 유래했다는 것입니다. 대부분의 대학은 교회의 소유였고, 교수는 모두 성직자였으며, 학생 역시 성직자처럼 입어야 했습니다. 졸업식 가운이 성직자들의 그것처럼 엄숙함, 진지함을 의미하는 검은색인 것도 그 이유입니다. 학사모가 사각

---

* 일명 프리기아 모자. 고대 아나톨리아 중부(오늘날의 터키)의 프리기아에서 유래한 것으로 '자유의 모자'라고도 부른다. 고대 로마에서 노예가 해방되어 자유민의 신분을 얻게 되면 이 모자를 썼기 때문에 자유의 상징으로 쓰이게 되었다고 한다.

형인 이유도 추기경 등의 성직자가 쓰는 비레타 Biretta 라는 사각모자를 본 딴 것이라는 설명이 가장 신빙성 있습니다. 알고 나니 더 모호해졌습니다. 졸업식 가운과 학사모는 왜 입고 쓰는 걸까요?

중세의 끝

_블리오와 커틀

중세 유럽을 규정하는 단어 중 하나는 '계급'입니다. 같은 사람이지만, 다른 일을 하고, 다른 음식을 먹고, 다른 대접을 받으며 살았다는 말입니다. 옷 입는 일 역시 마찬가지였습니다. 계급에 따라 생활방식과 경제력이 달랐고, 그 차이는 자연스럽게 중세인들의 옷에 반영되었지요. 그런데 법을 제정해서 계급별로 입을 수 있는 옷을 달리 규정하는 일도 있었습니다. 그것이 섬츄어리 로Sumptuary law입니다. 우리말로는 '소비규제법' 혹은 '사치금지법'입니다. 돈이 있어도 상위계급의 패션을 모방할 수 없는 완고한 계급사회였습니다.

공주의 옷 블리오

중세의 스타일을 잘 보여주는 옷 중 블리오라는 것이 있는데, 어떤 모습이었는지 찾아보도록 하겠습니다. 다음 페이지의 그림은 12세기경의 것으로 필사한 성경의 페이지를 장식하려고 그린 것입니다. 이 여인이 입고 있는 옷이 블리오Bliaut인데, 가장 먼저 눈에 띄는 것은 손목 부분입니다. 두툼한 실타래 같은 것이 길게 늘어져 있고, 오른손 쪽의 것은 심지어 한 번 매듭을 지어 놓았습니다. 어떤 형태의 옷이며 손목의 장식은 무엇인지 그림만 보고서는 파악하기 어렵습니다. 다른 자료를 더 봐야 할 것 같습니다.

블리오를 입은 여인

오른쪽 아래 사진은 프랑스에 있는 앙제 생 모리스 대성당The Saint Maurice Cathedral of Angers의 석상 중 하나로 블리오의 입체적인 모습을 보여줍니다. 상체는 날씬하게 꼭 맞고, 아래쪽은 넓긴 하지만 드레이프Drape* 되어 몸의 윤곽을 따라 흘러내리고 있습니다. 전체적으로 주름이 많이 잡혀 있는 걸 보니 섬세한 천으로 만들어진 모양입니다. 그런데 이 석상을 통해서도 블리오가 어떤 옷인지 정확한 이미지를 떠올리기 어려운 건 마찬가지입니다. 다른 자료가 더 필요할 것 같습니다.

드디어 백 마디 말보다 더 명확히 설명해주는 그림이 등장했습니다.

그림을 보는 것만으로도 어떤 시대인지, 어떤 계층이 입었는지, 그리고 어떻게 생겼는지에 대한 선명한 이미지가 떠오릅니다. 첫 번째 그림은 〈갓 스피드God Speed〉입니다. 광채가 날 만큼 하얀 얼굴, 탐스런 금빛

앙제 생 모리스 대성당에 있는 석상

---

* 천으로 가리거나 천을 걸치거나 주름을 잡는 일, 또는 이러한 방법으로 의복을 디자인하는 복식기법을 말한다.

머리칼, 보호해주고 싶은 충동을 불러일으키는 가녀린 몸매의 처녀가 전쟁터로 출정하는 잘생긴 기사의 든든한 팔뚝에 붉은 사쉬Sash, 즉 천으로 된 긴 띠를 감아주고 있습니다. 꼭 살아 돌아오라는, 그림의 제목처럼 '신의 속도로' 내게 다시 오라는 염원의 징표지요. 그런데 벽을 타고 오르는 분홍 덩굴장미의 꽃잎은 이미 계단에 후두둑 떨어지고 있어요. 슬픈 이별을 암시하는 복선伏線일까요?

두 번째 그림은 〈디 에컬레이드The Accolade〉, 즉 '기사 작위 수여식'입니다. 물결치는 붉은 머리의 왕비가 어깨에 검을 올려 단발머리 젊은이에

디 에컬레이드(에드먼드 레이튼 작, 1901)

게 기사 작위를 내리고 있는 장면입니다. 그런데 조금 이상합니다. 응당 왕이 내려야 할 기사 작위인데 왜 왕비가 대신하고 있을까요? 이 젊은이의 충성은 왕이 아니라 왕비를 향한 것일까요? 그리고 왕비의 눈빛은 왜 저리도 애틋할까요? 미술 평론가들은 이루어질 수 없는 사랑이라고 해석하기도 합니다.

소개한 두 그림은 영국 화가 에드먼드 레이튼Edmund Leighton*의 작품입니다. 중세에 매료되어 있었던 그는 그 시절을 매우 로맨틱하게 바라봤습니다. 여인들은 더없이 아름답고, 기사들은 정의와 용기로 똘똘 뭉쳐 있는 것으로 설정했지요. 역사적 사실을 참고하기보다는 한때 유럽에서 유행했던 기사도에 관한 낭만 소설에 더 많이 기초한 묘사라고 할 수 있습니다. 따라서 그의 그림은 미화의 결과이고, 여기에 등장하는 블리오 역시 필요 이상으로 아름답게 묘사되었다고 평가할 수 있습니다. 그래도 140쪽 그림에서 본 실타래의 비밀을 푸는 데엔 도움이 됩니다. 이상한 장식이 붙어 있는 게 아니라 소매 자체가 아주 길게 만들어졌다는 사실을 알려줍니다. 실제로는 바닥에 끌릴 만큼 길었다는 기록도 있으니 실용성보다는 장식성에 초점을 맞춘 옷이라고 할 수 있습니다. 그렇기 때문에 평민들은 입고 싶어도 입을 수 없었습니다. 개울에서 빨래하는 여인의 옷이 블리오라면 어떨까요? 소매가 미역처럼 물살을 타고 넘실거릴 테니 더없이 불편하고 민망할 겁니다.

에드먼드 레이튼의 작품을 감상하고 나니 블리오가 낯익다고 느끼는 사람이 많을 것입니다. 우리나라에도 기사도에 관한 낭만적인 문학작품이나 영화들이 많이 소개되었고, 거기 등장하는 여주인공들, 특히 공주님들은 블리오를 입는 경우가 많았기 때문입니다. 이름과 실물을 연결하지 못했을 뿐 이미 알고 있었던 것이지요.

같은 옷 다른 모양, 커틀

커틀Kirtle은 블리오보다 더 다양한 계층이 입었던 옷으로, 오른쪽 그림 속 여인들이 입고 있습니다. 성은 저 멀리 화려하게 서 있는데, 이 여인들은 무더운 6월에 힘겹게 농사일을 하고 있습니다. 커틀은 농노의 옷이라고 할 수 있겠네요.

커틀

다음 그림(145쪽, 좌)에서도 두 명의 여인이 커틀을 입고 있습니다. 공식적인 제목은 없지만 '춤추는 소녀들에게 유혹당하는 성자 제롬'이라고 알려진 그림입니다. 두툼한 헤어밴드를 착용한 것처럼 빙 둘러 주변만 남기고, 머리 윗부분은 삭발하는 헤어스타일을 탄셔Tonsure라고 합니다. 흡사 새둥지에 커다란 타조 알을 올려놓은 모습이지요. 바로 그 머리를 한 제롬이 교회에 가는 장면입니다. 몸은 분명 교회를 향해 있는데 시선은 춤추는 여인들에게서 떨어질 줄 모릅니다. 유혹에 빠진 성자를 보는 것이 마냥 유쾌한 듯, 하늘을 나는 악마는 신이 나 보입니다. 여인들이 입은 커틀은 금색무늬가 있는가 하면 소매와 옆 라인에 분홍을 배색하여 한결 고급스럽습니다. 또한 바닥에 닿을 만큼 치맛단이 깁니다. 밭일을 할

---

*   히에로니무스 또는 예로니모라고도 한다. 제롬은 영어식 이름이다. 제1차 니케아 공의회 이후의 로마 가톨릭교회 신학자이자 4대 교부 중 한 사람으로서 불가타 성서의 역자로 알려져 있다. 축일은 9월 30일이며, 흔히 상체를 벗고 은둔하는 수도자의 모습으로 펜을 들고 저술에 몰두하거나 돌로 가슴을 치는 모습으로 표현된다. 학자·학생·고고학자·서적상·순례자·사서·번역가·수덕생활을 하는 사람의 수호성인이다.

춤추는 소녀들에게 유혹당하는 성자 제롬

귀족 여인이 입은 커틀

필요가 없는 도시 중산층 처녀들이 입는 옷도 커틀*이었던 겁니다.

또 하나의 그림을 보겠습니다. 뙤약볕이 내리쬐는 8월, 말을 타고 매사
냥을 나가는 지체 높은 귀족 여인들도 커틀을 입었습니다. 검은색 커틀
의 밑단에 하얀색 밑단이 또 덧대어져 있습니다. 툭 튀어나온 여인의 무
릎 위치를 참고하여 발끝의 위치를 눈으로 짐작해보면, 전체 치마의 길
이가 얼마나 긴지 알 수 있습니다. 치마폭도 넓어서 커다란 말 엉덩이 반
대편까지 펼쳐져 있습니다. 같은 종류의 옷이지만 종아리 남짓 내려오는
단출한 농노의 커틀과는 확연히 다릅니다.

---

* 제롬이 4~5세기 사람이므로, 제롬과 함께 그려진 옷도 그 시기의 것으로 생각할 수 있다. 하지만 4~5세기에는
허리의 실루엣이 드러나는 여성복이 일반적이지 않았기 때문에 당대(15세기 초)의 옷을 그린 것으로 판단된다.

시도서 이야기

사회계층에 따라 커틀이 어떻게 달라지는지 보여주는 이 세 장의 그림은 프랑스 베리Berry 지역을 다스리던 공작 존John(프랑스 발음으로 장Jean)을 위해 제작된 두 권의 시도서時禱書에 실려 있습니다. 그래서 사이즈가 작습니다. 첫 번째와 세 번째 그림은 세로 30센티미터, 가로 21.5센티미터이니, A4 용지와 거의 같은 크기입니다. 두 번째 그림은 더 작아서 불과 세로 24센티미터, 가로 17센티미터밖에 되지 않습니다. 커다란 캔버스에 그려진 작품이 아니라 책의 삽화임에도 불구하고 묘사가 매우 세밀하고 전체 화폭을 장식하는 기술이 남다릅니다. 어떤 책이기에 이토록 정성을 들인 것일까요?

시도서時禱書란 '때 시時', '빌 도禱', '책 서書' 자를 써서 시간에 맞춰 기도하기 위해 사용하는 책 정도로 이해할 수 있습니다. 영어로는 '북 오브 아우얼스Book of Hours'라고 부르지요. 수도원에서 생활하는 수도자들은 성경의 시편을 비롯한 다양한 기도문을 책으로 엮어 기도할 때마다 사용했는데, 평신도들 중에도 그런 영적인 생활을 동경하는 사람이 많았습니다. 그들을 중심으로 수도자들이 사용하는 책을 축약해놓은 시도서가 유행하게 되어 널리 퍼졌습니다. 중세까지만 하더라도 평신도들이 성경을 소유하는 일은 극히 드물었기 때문에 시도서는 개인이 소유할 수 있는 거의 유일한 종교서적이었습니다. 신앙을 중시하는 사람에게는 응당 소중했을 테지만 오히려 다른 의미로 중시되기도 했습니다. 귀족들 사이에서는 이것이 부와 고급 취향을 자랑하는 하나의 수단이었기 때문입니다.

시도서에 포함된 12장의 달력

펠트(Pelt)를 물에 담갔다가 털을 제거하고, 금속 긁개로 최대한 얇게 만든 후 스트레처(Stretcher) 즉 당기는 틀에 걸어 건조시키는 공정

베리의 공작 존^{Jean I de Berry}의 아버지는 프랑스 왕이었습니다. 그의 형도 아버지 사후에 왕이 되었습니다. 존은 물론 가족 모두 넉넉한 부를 가진 최상위 계층의 귀족이었다는 뜻입니다. 그러니 최고의 인재를 고용해 최고급의 시도서를 제작할 수 있었지요. 작업을 맡은 사람은 네덜란드 출신으로 프랑스에서 활동하던 랭부르가^{Limbourg家} 형제들이었습니다. 보석 세공에도 조예가 깊었던 젊은 예술가 3형제는 혼신의 힘을 다해 존의 시도서를 제작했습니다. 144쪽과 145쪽의 그림이 포함된 12장의 달력 그림도 그려 넣었고, 145쪽 그림과 같이 성자의 이야기도 적절한 그림을 이용해 풀어나갔습니다. 종이와 비교되지 않을 만큼 고급 재료인 파치먼트^{Parchment} 위에 말입니다.

파치먼트는 동물 가죽을 말려 만든 종이입니다. 우리나라 말로는 흔히

---

* 장 1세 드 베리(1340~1416)는 프랑스의 왕족으로 장 2세의 3남이다. 샤를 5세, 앙주 공작 루이의 동생이자 필리프 2세의 형이다. 예술가들의 후원자로 유명하여 랭부르 형제를 비롯한 많은 예술가를 지원했는데, 그 결과물로 『베리 공작의 매우 호화로운 시도서 *Très riches heures du duc de Berry*』 등의 작품이 남아 있다.

양피지라고 옮겨지곤 하는데, 양 이외에 염소나 소의 가죽도 이용됩니다. 따라서 '양피지 위에 쓰였다'고 알려진 문서 중 많은 경우는 염소가죽 종이 혹은 소가죽 종이에 쓰인 것이라고 할 수 있습니다. 그중 가장 고급으로 인정하는 재료는 송아지가죽입니다. 바로 랭부르가 3형제가 이용한 재료이지요.*

최고급 송아지가죽 파치먼트 위에, 돋보기까지 들이대면서 매우 세밀하게, 약 7년 넘게 작업했지만 두 번째 시도서(달력 그림이 포함된)는 완성되지 못했습니다. 책의 주인 존이 1416년에 죽었는데, 랭부르가 3형제도 모두 같은 해 사망했기 때문입니다. 존의 경우 사망 당시 나이가 75세였으니 전혀 이상하게 느껴지지 않지만 랭부르가 3형제는 모두 서른 이전이었습니다. 확증된 것은 아니지만 흑사병이 원인이었을 것으로 추측됩니다. 그런 연유로 몇 장의 달력은 날짜 칸이 비어 있는 채로 남게 되었습니다.

미술사에 관심 있는 사람이라면 한번쯤 살펴볼 가치가 있는 이 시도서의 이름은, 첫 번째가 『베리공작 존의 아름다운 시도서 *The beautiful hours of John, Duke of Berry*』이고, 두 번째가 『베리공작 존의 아주 호화로운 시도서 *The very rich hours of John, Duke of Berry*』입니다.

사치금지법

블리오와 커틀을 통해 살펴본 바와 같이 중세의 옷은 계층별로 달랐습

---

* https://www.youtube.com/watch?v=2-SpLPFaRd0

니다. 아예 다른 종류의 옷을 입거나, 같은 종류의 옷이라도 각자의 생활에 어울리도록 다른 모양으로 입은 것입니다. 그런데 시간과 장소에 관계없이 하위계층에 속한 사람 중 많은 수는 상위계층의 패션을 모방하고자 하는 욕망을 가지고 있습니다. 물론 경제력이 뒷받침되지 않을 땐 어쩔 도리가 없습니다. 하지만 어느 정도 재산을 모으면 그런 욕망이 더 강해집니다. 이것을 억누르는 것이 사치금지법Sumptuary law*이었습니다.

지배층의 입장에서 보면 이 법은 두 가지 측면에서 효용성을 갖습니다. 우선 나라 경제에 도움이 될 수 있습니다. 아주 고급 직물이 수입품일 경우, 이것을 너도 나도 사 입는다면 무역 적자가 심해집니다. 자본의 해외 유출을 막는 것은 물론 국내 산업을 보호할 수도 있으니 정당한 경제적 의의가 있다고 말할 수 있습니다. 더 중요한 것은, 두 번째 '구분 짓기'입니다. 나와 네가 다른 존재임을 확실히 해두려는 것이지요. 만약 나보다 하위계급이 나보다 더 화려하게 차려 입는다면 내 겉모습에서 드러나는 권위는 하락할 수밖에 없습니다. 이것은 태어날 때 부여받은 계급으로 남을 지배했던 중세사회의 지배층이 가장 두려워했던 일입니다. 그래서 계급을 세부적으로 나누고, 아주 꼼꼼하게 복장을 이용한 구분 짓기에 공을 들였습니다. 어느 정도였는지 1363년의 사치금지법을 통해 살펴보도록 하겠습니다. 지금의 영국, 당시에는 잉글랜드 왕국에서 발효된 것입니다.

여기서 한 가지 미리 말해둘 것이 있습니다. '어떤 계급에게 어떤 옷은 허락되고 어떤 장식은 허락되지 않고', 이런 정보를 기계적으로 나열하면

* 『*The 1363 English Sumptuary Law: A comparison with Fabric Prices of the Late Fourteenth-Century*』, By Sarah Kelly Silverman, The Ohio State University, 2011 Master thesis.

이해하기 어려울 뿐만 아니라 지루합니다. 그래서 온라인게임인 것처럼 상상해보도록 하겠습니다. 당신이 주인공이고, 계급을 차근차근 올려 더 좋은 옷으로 갈아입는 퀘스트를 진행합니다. 당연히 레벨1부터 시작입니다.

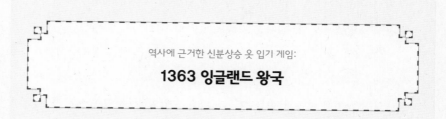

역사에 근거한 신분상승 옷 입기 게임:
1363 잉글랜드 왕국

레벨1. **최하층민:** 마부, 소, 돼지, 양 등의 동물을 치는 사람, 목장에서 우유 짜는 사람, 그 외 모든 종류의 농사꾼, 직업에 관계없이 너무 가난해서 전 재산이 40실링Shilling이 안 되는 사람. (당시와 현재의 물가가 현저히 다르므로 40실링이 어느 정도라고 정확하게 말 할 수는 없습니다. 다만 밭일을 하는 저급의 말 가격이 10~20실링 사이였고, 기사가 타는 말 가격은 100실링 정도였습니다. 그러니 적당한 말 한 마리 가격이라고 생각할 수 있습니다.)

▶ 당신은 회색이나 진갈색 양모 옷, 마찬가지로 색이 화려하지 않은 리넨 옷만 입을 수 있습니다. 그 외 모든 화려한 소재, 혹은 색상의 옷은 금지입니다. 돈이 있다고 해도 사 입을 수 없고, 누구에게 공짜로 얻은 것이어도 입어선 안 됩니다. 다시 한 번 말합니다. 모두 금지입니다.

레벨2. 귀족의 종들

▶ 당신은 이제 양모와 리넨으로 만든 여러 가지 색상의 옷을 입을 수 있습니다. 하지만, 금색이나 은색의 직물은 금지입니다. 실크? 안 됩니다. 옷에 자수를 놓고 싶다고요? 안 됩니다. 보석? 절대 안 됩니다. 그리고 이건 꼭 기억하셔야 합니다. 당신이 입은 옷 전체의 가격은 27실링을 넘을 수 없다는 것을요.

레벨3. 자작농

▶ 당신이 이제 귀족의 종들보다 더 자유롭게 입을 수 있습니다. 하지만 여전히 금색, 은색, 자수, 실크는 안 됩니다. 보석이요? 아직까지는 꿈꾸지 마세요. 그럼 귀족의 종들과 뭐가 다르냐고요? 많이 다릅니다. 당신이 입은 옷의 전체 가격 한도가 40실링으로 올랐으니까요. 그리고 또 한 가지, 이제부터 당신은 모피를 입을 수 있습니다. 단, 양, 토끼, 고양이, 여우 따위의 흔한 모피만 입어야 합니다.

레벨4. 가난한 견습기사

▶ 당신은 자작농보다는 더 자유롭게 입을 수 있지만 사실 큰 차이는 없습니다. 금색, 은색, 자수, 실크, 보석 다 안 되는 건 마찬가지입니다. 하지만 옷 전체 가격 한도는 60실링으로 올랐습니다.

레벨5. 부자 견습기사

▶ 축하합니다. 당신은 드디어 은색직물과 실크를 입을 수 있게 되었습니다. 옷 전체 가격 한도도 67실링으로 소폭 상승했어요.

레벨6. 가난한 기사

▸ 당신의 신분이 기사이니 견습기사보다는 상위계급이군요. 하지만 부자견습기사보다는 가난하니까 큰 차이를 기대하기는 어렵습니다. 그래도 기사대접은 해드리도록 하지요. 이제 당신은 자수를 입을 수 있습니다. 그리고 옷 전체 가격 한도도 80실링으로 대폭 올려드렸습니다.

레벨7. 부자기사

▸ 이제 정말 축하드려야 할 때가 되었군요. 기사님은 남들 눈치 보지 말고 자유롭게 입으세요. 금색이요? 당연히 입으셔야지요. 옷 전체 가격 한도가 얼마냐고요? 무슨 그런 당치않은 말씀을. 위대하신 기사님께 한도란 없습니다.

그런데 말입니다, 윗분들이 계시다는 것만큼은 잊지 않으셨으면 합니다. 보석을 사용할 수는 있지만 옷 전체에 보석을 박을 수는 없습니다. 그리고 흰담비털은 절대 안 됩니다.

레벨8. 부유한 영주 (왕족, 공작 등의 최상위 귀족)

▸ 이깟 법으로 부유한 영주님의 패션을 간섭할 수 없습니다. 온갖 보석과 흰담비털, 모두 영주님 마음대로입니다. 수틀리면 왕좌를 빼앗기 위해 전쟁도 불사하실 텐데, 법이 무슨 대수입니까.

레벨9. 왕

▸ 왕이 곧 법이십니다.

퀘스트를 다 완수하셨나요? 금색, 은색 직물은 물론이고, 실크도 입을 수 있고, 자수를 할 수도 있고, 옷 전체에 보석을 박을 수도 있으신가요? 뿐만 아니라 가장 마지막 아이템인 힌담비털도 마음대로 입을 수 있는 신분이 되셨나요? 축하합니다. 그런데 현실은 게임과 많이 다르지요. 중세 영국 인구의 90퍼센트 가량은 최하층민이었고, 그들의 신분은 큰 이변이 없는 한 바뀌지 않았습니다. 평생 동안 레벨업 한 번 못 하고 죽은 사람이 절대다수였다는 말입니다.

〈잘못 행동하고 있는 게 아니랍니다Ain't Misbehavin'〉라는 제목의 미국 뮤지컬이 있습니다. 거기엔 인기 있는 다수의 노래가 등장합니다. 그중 여자 배우가 부르는 〈나일론 스타킹이 다시 한창이라면〉이라는 곡이 참 인상적입니다. 가사가 귀엽거든요.

> 나일론 스타킹 파는 세일즈맨의 노크 소리에 문을 열어주던 날들은 이미 지나가버렸어.
> 그의 눈은 반짝이고, 손에는 줄자를 들고 있었지. 수많았던 나일론 스타킹들.
> 나는 스타킹을 신고 나가 자랑하고픈 충동이 일었어.
> 지금은 부자나 가난뱅이나, 우린 그저 견디고 있지.
> 가려운 울 스타킹으로, 늘어나버리는 레이온 스타킹으로
> 나일론 스타킹이 다시 한창이라면 난 정말 행복할 것 같아.

가사를 통해 추론할 수 있는 것은 여성들이 한참 신나게 나일론 스타킹을 신다가 갑자기 빼앗겼다는 것입니다. 과연 누구의 소행이었을까요? 바로 전쟁입니다.

나일론의 초창기, 생산량은 한정되어 있는데 수요는 많았습니다. 그중 가장 중요한 두 가지가 '여성의 스타킹'과 '군인의 낙하산'이었습니다. 제2차 세계대전이 한창이던 때라면 모든 나일론으로 낙하산을 만들었을 테니, 나일론 스타킹은 생산될 수가 없었습니다. 드디어 전쟁이 끝난 1945년, 소위 말하는 '나일론 스타킹 폭동'이 일어납니다.

다시 생산되기 시작한 나일론 스타킹을 차지하기 위해 여성들은 구름떼를 이루어 모든 가게를 포위했습니다. 개인 간 거래에서는 판매 가격 1.5달러짜리가 20달

"나일론 스타킹 판매는 이쪽입니다."

러에 거래되었다고 하니, 그 열기가 쉽게 짐작됩니다.

『베리 공작 존의 아주 호화로운 시도서』에 수록된 달력 중 1월을 보겠습니다. 남자들의 스타킹이 참 인상적입니다. 검은 스타킹, 하얀 스타킹, 연두색 스타킹, 무늬가 들어간 스타킹, 그것들을 조합한 짝짝이 스타킹.

당시의 여성들은 스타킹이 밖으로 드러나지 않는 커틀을 주로 입었던 반면 남성들의 로브 아래로는 스타킹이 드러났습니다. 그렇다면 어떤 스타킹이 예쁜지, 누구 스타킹이 돋보이는지 관심을 쏟는 건 남자들이었을 테지요. 남성들의 스타킹 패션이 사라지고, 여성들의 스타킹 패션이 시작된 때에 나일론이 발명되었습니다. 만약 나일론이 다른 시기에 발명되었더라면 〈나일론 스타킹이 다시 한창이라면〉이란 곡은 남자 배우의 노래가 되었을지도 모르겠네요.

「베리 공작 존의 아주 호화로운 시도서」에 수록된 1월 달력

르네상스

르네상스는 이탈리아의 도시 피렌체^{Firenze*}에서 시작되었습니다. 잘 알다시피 르네상스^{Renaissance}는 '부활'이라는 뜻입니다. 'Re'에는 '다시'라는 의미가, 'naissance'에는 '탄생'이라는 뜻이 들어 있습니다. 여기서 다시 탄생해야 할 주인공은 고대 그리스 로마의 문화 전통입니다. 즉, "오래전 죽은 그리스 로마 문화를 다시 살리자"라는 태도의 문화예술운동 그 자체, 혹은 그 운동이 활발했던 기간을 지칭하는 말이 르네상스인 겁니다. 그런데 예술에서 시작하여 유럽 사회 전반에 걸친 대규모 변화로 이어진 르네상스는 왜 하필 피렌체라는 도시에서 태동하게 된 것일까요?

천재들의 탄생

르네상스가 피렌체에서 시작된 원인이 무엇인가에 대해서 다양한 설명이 존재합니다. 그런데 그중 '우연의 축복'이라고 보는 특이한 견해도 있

---

* 피렌체는 이탈리아어 이름이고, 영어 이름은 플로렌스(Florence)이다.

습니다. 마치 한여름의 소나기인 듯, 역사를 대표하는 천재들이 피렌체에 쏟아졌기 때문에 그렇게 생각하게 된 것입니다. 그렇다면 그 천재들이 누구를 말하는 것인지 간추려보도록 하겠습니다.

1445년, 산드로 보티첼리Sandro Botticelli가 피렌체 도심 한가운데서 태어납니다. 그리고 곧 전 세계 거의 모든 미술 교과서에 실릴 그림을 그리는 화가로 성장하지요.

1452년, 레오나르도 다 빈치Leonardo da Vinci가 피렌체 도심에서 약 25킬로미터 떨어진 조그만 마을에서 태어납니다. 빠른 말을 타면 30분 남짓에 닿을 수 있는 거리이니 피렌체 사람이라고 보아도 무방합니다. 참고로 그가 태어난 마을의 이름은 빈치Vinci입니다. '레오나르도 다 빈치'라는 이름의 뜻이, '빈치에서 온, 혹은 빈치의 레오나르도'인 것입니다. 거의 모든 방면에서 그가 얼마나 뛰어난 사람이었는지에 대해서는 따로 설명하지 않

비너스의 탄생(산드로 보티첼리 작, 우피치 미술관)

모나리자(레오나르도 다 빈치 작, 루브르 박물관)

북아메리카
North America

남아메리카
South America

겠습니다. 한 장의 그림이면 충분하니까요.

1454년, 인류 역사가 계속되는 한 영원히 잊히지 않을 이름을 얻은 탐험가 아메리고 베스푸치Amerigo Vespucci가 피렌체 외곽 약 20킬로미터 밖에서 태어납니다. 추후에 좀 더 자세히 설명하겠지만[*] 여기서는 그의 업적을 간단히 한 장의 지도로 갈무리하겠습니다. 왼쪽 아래에 노스 아메리카North America와 사우스 아메리카South America의 지도가 있습니다. 이 거대한 두 대륙은 아메리고 베스푸치의 이름을 따서 명명된 것입니다('아메리고'의 여성형이 '아메리카'입니다).

1469년, 니콜로 마키아벨리Niccolo Machiavelli가 피렌체 도심, 알려지지 않은 장소에서 태어납니다. 살아 있는 동안의 삶은 순탄치 않았습니다. 정치인으로, 외교관으로, 또 인문학자로서 평생을 노력했으나 미관말직을 전전할 뿐, 한 번도 제대로 된 권력을 차지해보지 못하고 쓸쓸히 생을 마감했습니다. 하지만 사후 출판된 그의 대표작 『군주론*The Prince*』은 그를 근대 정치학의 아버지로 자리매김해주었습니다.

---

[*]　12장 참조

1475년, 미켈란젤로 부오나로티Michelangelo Buonarroti가 피렌체 도심 외곽 약 100킬로미터 밖의 작은 마을에서 태어납니다. 100킬로미터라면 피렌체 사람이라고 보기 어려울 만큼 먼 거리이지만, 그의 조상은 대대로 피렌체에서 살았습니다. 그가 태어날 당시에만 잠깐 지방으로 나가 있다가 그가 겨우 한 살이었을 때 다시 피렌체로 돌아왔으니 그를 피렌체 토박이라고 소개해도 틀린 말은 아닙니다. 그의 업적을 간략하게 소개하는 데에 시스티나 성당Cappella Sistina 천장에 그려진 〈천지창조Creazione di Adamo〉와 성 베드로 대성당St. Peter's Basilica에 전시된 〈피에타La Pietà〉* 중 어떤 작품이 더 좋을까요? 아마도 별 차이가 없을 것입니다.

그리 크지 않은 도시에서, 짧은 기간 동안, 이렇게 많은 천재들이 등장하는 일은 흔하지 않습니다. 우연의 축복이라는 말이 꽤나 일리 있어 보입니다. 하지만 이것이 전부일까요? 천재란 선천적인 재주가 남보다 현저하게 뛰어난 사람을 의미합니다. 그런 사람은 어디에서라도 태어날 수 있습니다. 굳이 피렌체일 이유가 없다는 것이지요. 그렇다면 잠재되어 있는 인간의 재능을 만개시키는 어떤 힘이 피렌체에 존재했던 것이라고 이해할 수 있습니다. 많은 사람들은 그 힘이 메디치가Medici家의 돈이었다고 설명합니다.

---

* 피에타란 십자가에서 내린 그리스도의 시체를 무릎 위에 놓고 애도하는 마리아를 표현한 기독교 미술의 주제이다. 중세 말부터 르네상스시대의 조각, 회화에서 많이 볼 수 있다. 바티칸 베드로 대성당의 미켈란젤로의 조각이 유명하다.

천지창조

피에타

메디치 가문, 피렌체를 장악하다

메디치가는 돈의 힘으로 피렌체를 지배했습니다. 대대로 은행을 운영하며 교황청의 자금을 관리했고, 거기에서 나오는 막대한 이익을 바탕으로 정계를 장악했습니다. 돈과 권력이 합쳐지자 자연스레 더 많은 돈, 더 강한 권력이 따랐습니다. 뇌물, 선거 조작, 교황과의 결탁 등, 돈을 버는 방법은 그리 고결하지 못했지만 가문은 더 탄탄해졌습니다. 메디치가의 전성기라 할 수 있는 1400년대 후반, 가문의 대표였던 로렌초 데 메디치 Lorenzo de' Medici는 자신감에 넘쳐서 이렇게 시를 읊었습니다.

젊음이란 얼마나 아름다운가! 언제나 우리를 스치며 날아가 버리는 그것.
행복하고자 하는 자여, 그리하라. 내일, 확실한 것은 아무것도 없으니.**

그렇습니다. 내일, 확실한 것은 아무것도 없습니다. 로렌초와 그의 사랑하는 남동생 줄리아노 데 메디치 Giuliano de' Medici가 이 사실을 절감하게 되는 사건은 이 형제가 각각 스물아홉, 스물다섯이던 1478년 4월에 벌어집니다.

형제는 피렌체 대성당에서 각기 다른 곳에 앉아 부활절 예배를 드리고 있었습니다. 다른 만여 명의 신자들과 함께하는, 그 어떤 위험도 없어 보이는 평온한 예배였습니다. 그런데 난데없이 네 명의 남자가 로렌초와 줄리아노를 습격했습니다. 파치가 Pazzi家**였습니다. 피렌체의 헤게모니를

---

* 「바쿠스를 위한 노래」의 도입부

** 파치 가문은 1342년에 귀족 작위를 얻어 그때부터 공직 자리에 올랐으며, 은행업을 주 사업으로 삼았다. 당시 피렌체의 절대적 지배세력이었던 메디치가를 몰아내기 위해 벌인 '파치 음모' 사건의 주인공이다.

차지하기 위해 메디치가와 줄 곧 경쟁해오던 파치가 사람들이 교황*을 등에 없고 극단적인 행동에 나선 것입니다. 그 많은 사람들이 보는 앞에서, 두 명의 남자는 단검을 뽑아들고 줄리아노를 열아홉 번이나 찔렀습니다. 얼마나 격렬히 찔렀던지, 암살범 중 하나는 제 허벅지를 찌르기도 했습니다. 줄리아노는 그 자리에서 절명했습니다. 다른 두 명의 남자, 신을 섬기는 성직자였던 그들은 로렌초에게 향했습니다. 등 뒤에서 단검을 뽑아 목표물의 목을 찌르긴 했지만 급소를 빗겨갔고, 이내 상황을 파악한 로렌초는 허리에 차고 있던 칼을 거칠게 휘두르며 역습을 가했습니다. 칼을 쥔 성직자들은 맥없이 떠밀려버렸지요.

이 광경을 보고 있던 그 많은 사람들은 어떻게 행동했을까요? 놀랍게도 아무것도 하지 않았습니다. 좀 더 정확히 말하면 아무것도 할 수 없었습니다. 결과를 예측할 수 없었기 때문입니다. 파치가의 암살 계획이 성공해 메디치가가 무너진다면 메디치 형제를 도우려 했던 행동으로 인해 목숨이 위태로워질 수도 있음을 직감했던 것입니다. 화급한 위험에서 간신히 벗어난 로렌초는 잠시 몸을 숨겼다가 안전한 기도실 2층 난간에 다시 나타나 이렇게 외칩니다. "나는 말짱하다!" 그제야 관망자들은 너나 없이 정의감에 불타오르기 시작합니다. '아차, 너무 늦은 거 아니야?'라고 짐짓 불안해하며 상황에 따라 뒤집히는 그 고귀한 정의를 실현하고 싶어 다들 안달이 난 것입니다. 운 좋게 도망친 한 명을 빼고, 군중은 우르르 몰려가 암살자들을 잡아다가 정부 청사 창문 밖에 목매달았습니다.

---

* 교황 식스토 4세(Sixtus IV)이다. 본명은 프란체스코 델라 로베레다. 시스티나 성당을 세우고 바티칸 도서관을 확장하는 등 학문과 예술을 장려하여 초기 르네상스시대를 열었으나, 족벌주의 정책과 '파치 음모'에 관여자로서 악명이 높다.

성직자 둘은 거세를 한 후에 목매달았지요. 배후에서 암살을 조종했던 파치가의 대표는 도망쳤다 잡혀와 고문을 당한 후 목매달렸습니다. 며칠 후 사람들은 그의 썩어가는 머리를 떼어 들고 파치가 성을 찾아갑니다. 그러고는 그 머리로 성문을 두드리며 "너희 집 가장이 왔으니 문을 열어라" 하며 조롱했지요. 일은 거기서 그치지 않았습니다. 파치가 사람들과 교황의 측근들 약 200여 명이 추가로 처형당했습니다. 파치가의 모든 재산은 몰수되었고, 파치가의 문장이 금지되었으며, '파치'라는 성을 가진 모든 사람이 피렌체에서 쫓겨났습니다. 그 결과 메디치 가문의 위세는 더욱 드높아졌습니다.

르네상스를 꽃 피운 메디치맨들

경쟁 상대가 없는 절대 권력의 막대한 돈은 다방면의 학자들과 예술가들을 살찌우기 시작했습니다. 당시의 권력가들은 몇 가지 이유로 이런 사회적 투자를 아끼지 않았습니다. 대중의 환심을 사고 권력을 과시해야 했기 때문입니다. 또한 교회 건물의 건축비용을 대거나 그 건물을 장식할 예술품을 기부하는 일을 열심히 하면 천국 가는 일이 훨씬 더 수월해진다고 믿기도 했습니다. 물론 다른 유력 가문도 이런 활동에 게으르지는 않았습니다. 다만, 워낙에 위세가 당당하고 돈이 많았던 메디치 가문의 후원 활동이 눈에 띄게 활발했고 규모 또한 대단했던 것이지요. 그 자신이 시인이기도 했고, 그리스 고전문학과 예술을 사랑했던 로렌초는 전대 및 후대의 메디치 가문 대표와 비교해 봐도 특히 더 예술 후원에 적극적이었습니다. 피렌체의 천재 혹은 위인들은 당연하다는 듯이 그의

줄리아노 데 메디치(산드로 보티첼리 작, 1478~1480년경)

후원 목록에 올라가 있었고, 그렇지 않았던 경우에도 어떻게든 관계를 맺고 있었습니다.

산드로 보티첼리. 로렌초의 후원에 힘입어 성공한 예술가로 성장했고, 로렌초 및 줄리아노 형제와 막역한 친분을 가지고 있었다고 알려져 있습니다. 옆의 그림은 보티첼리가 그린 줄리아노의 초상인데, 그가 암살당한 후 그려진 것입니다. 영혼이 드나들 수 있도록 배경에 있는 창문은 열려 있습니다. 그 앞쪽에는 산비둘기가 앉아 있습니다. 산비둘기의 울음소리는 매우 구슬픕니다. 그래서 서양에서는 '애도하는 비둘기mourning dove'라고 부르며 애도를 표현하기 위한 상징으로 사용하곤 합니다.

레오나르도 다빈치. 역시 로렌초로부터 많은 후원을 받았습니다. 밀라노에 있는 공작에게 레오나르도를 소개하여 여러 곳에서 일할 수 있도록 기회를 제공해준 사람도 로렌초였습니다. 다음 그림은 레오나르도의 스케치로, 위에서 언급한 '운 좋게 도망친 한 명'인 베르나르도 반디니 Bernardo Bandini를 그린 것입니다. 오스만튀르크 제국*까지 도망쳤으나 로

---

* 1299년에 오스만 1세가 셸주크 제국을 무너뜨리고 소아시아에 세운 이슬람 제국. 1453년에 비잔틴 제국을 멸망시키고 이스탄불로 수도를 옮겨 번성하였으나 제1차 세계대전 뒤 1922년에 국민 혁명으로 멸망했다. 오토만 제국 혹은 터키 제국이라 부르기도 한다.

렌초의 수배망에 걸려 결국은 교수형을 당했지요. 현장에 있었던 레오나르도는 마치 스냅사진처럼, 자신의 스케치 실력을 살려 이 장면을 남겼습니다.

아메리고 베스푸치. 메디치가 은행의 직원이었으며 평생 메디치가와 돈독한 관계를 유지했습니다. 스페인에 파견되어 근무하던 중 탐험대에 합류, 1497년부터 1503년까지 네 차례에 걸쳐 중남미를 탐험했습니다. 1497년의 첫 번째 항해의 경우, 그 실체가 명확하지 않다고 보는 견해도 있습니다. 이 견해를 따른다면 아메리고 베스푸치의 아메리카 탐험은 총 3회가 됩니다.

니콜로 마키아벨리. 『군주론』은 처음부터 로렌초 한 사람을 위해 쓰인 책입니다. 로렌초가 위대한 군주가 되는 데 도움이 되도록, 수많은 권력자들의 흥망성쇠를 관찰한 후, 그 결과를 집대성하여 로렌초에게 헌정한

베르나르도 반디니(레오나르도 다빈치 작)

것이지요. 당연히 책 표지에도 로렌초의 이름이 적혀 있습니다.

미켈란젤로 부오나로티. 열다섯의 미켈란젤로가 늙은 신의 두상을 조각하고 있을 때 로렌초가 다가와서 "노인의 이가 너무 반듯하지 않은가?"라며 훈수를 둔 일이 있었습니다. 그러자 이 어린 조각가는 정을 들어 한쪽 이를 깨뜨려버립니다. 로렌초는 출중한 재능에 배짱까지 두둑한

AMERICA.

Americen Americus retexit,

아메리카 원주민 여인과 조우한 베스푸치(얀 갈레 작, 1615년경)

니콜로 마키아벨리의 초상(산티 디 티토 작)

이 예술가를 자신의 집에 초대해서 함께 살도록 하고 자기 자식들과 똑같은 교육, 즉 유럽 최고의 교육을 받게 해줍니다. 아들과 다름없이 키운 것이지요.

미켈란젤로 부오나로티의 초상(다니엘 다 볼테라 작)

피렌체 출신의 천재들, 그 천재들을 후원했던 메디치가, 천재를 후원하는 피렌체로 몰려오는 다른 지역의 천재들, 르네상스가 피렌체에서 시작된 이유를 설명하는 데 충분할 것입니다. 물론 상업의 발달로 중간 계급이 확대된 것이나 유럽을 휩쓸었던 흑사병의 영향으로 농산물의 가격이 내려가서 전반적인 생활이 풍족해진 것 등 사회·경제적인 요인도 중요하게 작용했습니다. 종교의 비합리성이 너무나 오랫동안 세상을 지배했던 것에 대한 반작용이었다고 해석하는 것도 타당합니다. 그래도 여전히 메디치가와 그 주변에서 활동하던 천재들을 빼놓고 르네상스를 논할 수는 없습니다. 고대 그리스의 예술과 학문을 다시 부흥시키고자 했던 르네상스가 전 유럽으로 확대되면서 사회는 신 중심에서 인간 중심으로, 비판 없는 믿음에서 합리적 이성으로 진보했습니다. 그렇다면 르네상스 이후, 패션에는 어떤 특색이 나타났는지 살펴보겠습니다.

줄리아노 데 메디치

보티첼리의 그림 〈줄리아노 데 메디치〉와 미켈란젤로의 대리석 조각 〈줄리아노 데 메디치〉를 인물 중심으로 비교해보겠습니다. 먼저 보티첼리입니다. 가장 눈에 띄는 것은 넓고 각진 턱과 참으로 긴 코입니다. 미남이라고 보기는 어렵습니다. 비슷한 시기 제3자에 의해 제작된 그의 테라코타(구운 점토) 흉상으로 비교, 검증해보겠습니다. 아주 흡사한 모습이군요. 따라서 줄리아노 데 메디치가 잘생기지 않았다는 것은 객관적 사실인 것 같습니다.

그런데 미켈란젤로가 조각해서 메디치가의 가족묘에 놓아둔 줄리아노 데 메디치의 석상은, 그야말로 절세의 미남입니다. 탄탄한 몸과 작은 얼굴의 비율도 인상적입니다. 너무 잘생기다 보니, 우리나라에서는 미대입시에서 그의 석고상을 그리는 것이 필수요건 중 하나가 되었습니다. 프랑스어 발음을 따라 '줄리앙'이라는 이

① 보티첼리의 〈줄리아노 데 메디치〉

② 안드레아 델 베로치오의 〈줄리아노 데 메디치〉

③ 미켈란젤로의 〈줄리아노 데 메디치〉

름으로 알려졌지요. 보이는 바와 같이 1~2번으로 추론할 수 있는 실제 얼굴과 조각상의 차이가 너무나 큽니다. 지나친 미화라는 비판이 끊임없이 제기될 수밖에 없었습니다.

하지만 이것은 굉장한 오해입니다. 1~2번의 주인공과 3번의 주인공은 다른 사람이기 때문입니다. 단지 이름이 같을 뿐입니다. 좀 더 구체적으로 말하자면, 1~2번은 로렌초의 동생으로 교회에서 암살당한 줄리아노 데 메디치이고, 3번은 로렌초의 셋째 아들 줄리아노 데 메디치입니다. 즉 1번과 2번은 삼촌이고, 3번은 조카입니다.

'삼촌 줄리아노'는 열아홉 번이나 칼에 찔렸던 그 비극적인 죽음 때문에 의도치 않게 유명해졌습니다. 반면 '조카 줄리아노'는 별다른 업적도 특이점도 없습니다. 관람객들과 미대생들은 미켈란젤로의 웅장한 조각상, 그리고 그것을 복제한 석고상을 보면서 자연스럽게 훨씬 더 유명한 '삼촌 줄리아노'를 떠올릴 수밖에 없었고, 따라서 오해가 시작된 것입니다.

이제 '조카 줄리아노'의 실제 얼굴을 살펴봄으로써 '지나친 미화'를 했다고 비판받아온 미켈란젤로를 구해줘야겠습니다. 아래가 조각상의 실제 주인공 '조카 줄리아노'의 초상화입니다. 음…….

로렌초의 셋째 아들 줄리아노 데 메디치의 초상

르네상스기 이후의 특징
_칼라

르네상스를 기점으로 유럽 패션의 유행 사이클은 아주 빠르게 돌기 시작했습니다. 새로운 패션이 등장해서 낡은 패션을 밀어내는 일이 유례를 찾을 수 없을 만큼 활발해졌다는 말입니다. 이런 유행의 변화를 선도한 것은 왕실을 중심으로 한 귀족 사회였습니다. 남의 콧대를 납작하게 누를 수 있도록 특이하고 호화롭게 치장하는 일에 대단한 열정이 있었고, 또 그렇게 하기 위해 필요한 재물도 충분히 소유하고 있는 사람들이었으니까요. 그래서 그들의 패션이 마치 무엇에 홀린 듯 화려해졌습니다. 그런 특징을 가장 잘 보여주는 것은 '깃'이었습니다.

칼라의 시작부터 절정까지

우리말에서 깃이란 목 주위를 두르는 부분을 말하는 것으로서 단정하게 한 겹으로 되어 있었고, 아주 오래 동안 그 모양을 유지해왔습니다. 서양의 깃은 칼라Collar입니다. 다음 사진에서 보는 것처럼, 밖으로 접혀 있다는 형태적인 차이는 있을지 몰라도 단정해 보인다는 점에서는 우리 것과 다르지 않습니다. 참고로 신문의 경제면에 등장하는 익숙한 단어 중에 '화이트칼라', '블루칼라'가 있습니다. 지적 노동 혹은 사무직에 종사하는 사람을 화이트칼라로, 육체노동에 종사하는 사람을 블루칼라라고 지칭하는데, 여기서 말하는 칼라는 색을 의미하는 컬러Color가 아니라 깃을 의미하는 칼라Collar입니다.

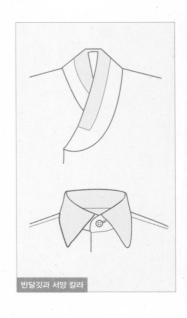

현재의 모양으로만 비교하면 우리의 깃이나 서양의 칼라가 현저히 다르다고 생각하기 어렵습니다. 하지만 서양의 칼라는 말로 표현할 수 없을 만큼, 엄청난 변화를 겪었습니다. 지금부터 그 과정을 따라가 보겠습니다.

우선 1단계입니다. 칼라의 시작은 속옷입니다. 속옷은 때와 장소에 따라 스목Smock, 셔츠Shirts, 쉬프트Shift, 슈미즈Chemise 등으로 불렸는데 가장 단순한 모양의 튜닉일 뿐 따로 칼라가 달려 있지는 않았습니다. 그러다 목둘레를 따라 끈을 끼워놓고 필요에 따라 조일 수 있는 슈미즈를 보

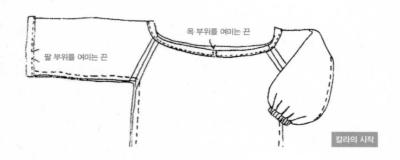

팔 부위를 여미는 끈

목 부위를 여미는 끈

편적으로 입기 시작하면서 칼라의 역사도 함께 시작되었습니다.

슈미즈의 넓은 목을 끈으로 꽉 조이면 어떻게 될까요? 목둘레로 꼬불거리는 주름이 생깁니다. 이 주름이 겉으로 자연스럽게 드러나 보이는 것이 칼라의 기원입니다.

2단계입니다. 자연스럽게 생긴 주름보다는 정교하게 의도를 가지고 제작한 주름이 밖으로 드러나 보일 때 더 아름다울 거라는 아이디어가 현실화되기 시작합니다.

스페인 왕 카를로스 1세(1500~1558)

스페인 왕 펠리페 2세(1527~1598)

스페인의 왕 카를로스 1세가 입은 속옷이 겉으로 드러나 있습니다. 아주 섬세하고 잔잔한 하얀 주름을 만들어둔 덕분에 목 부분이 허전하지 않고 겉옷과 대비되는 색의 조화도 뛰어납니다. 사소한 디테일이지만 그 미적 효과는 아주 훌륭하다고 평가할 수 있을 것 같습니다.

3단계입니다. 위에 있는 카를로스 1세의 아들로 스페인의 왕이 된 펠리페 2세의 칼라입니다.

기왕 만드는 것인데, 조금 더 정성을 들인다고 나쁠 건 없겠지요. 주름을 한층 입체적으로 만들고, 그 크기를 키워 더욱 도드라지게 합니다. 두꺼운 칼라가 머리를 위쪽으로 떠밀어 올리는 느낌이 들면서 표정이나 자세가 불편해 보이지만 상관없습니다. 칼라에서 뿜어져 나오는 왕으로서의 위엄이 중요하니까요. 이 시점부터는 칼라가 슈미즈 혹은 셔츠의 일부가 아니라 따로

제작된 독립 아이템이었습니다. 탈착식 칼라가
된 것이지요.

4단계입니다. 앞에 있는 펠리페 2세의 아들로
스페인의 왕이 된 펠리페 3세의 칼라입니다.

이제 어떻게 평가해야 할지 난감한 지경에 이
르렀습니다. 한겨울, 갓난아기를 새하얀 포대기
로 꽁꽁 싸매놓으면 이런 모습일까요? 아주 귀
한 달걀을 솜사탕처럼 폭신한 방석 위에 올려둔

스페인 왕 펠리페 3세(1578~1621)

다면 비슷할까요? 두께와 지름이 지나치게 커져버린 칼라 덕분에 얼굴
이 몸에서 단절되었고, 그 결과 아래 입은 옷과의 조화라는 것은 기대할
수 없게 되었습니다. 칼라 위에 덩그러니 얹힌 얼굴만 보일 뿐입니다.

스페인 왕의 계보를 따라가다 보니 자연스럽게 거대한 칼라의 유행이
어느 시기에 정점에 도달했는지 쉽게 알 수 있습니다. 이 초상화가 그려진
해가 1617년이니 1600년대 초반부터를 거대한 칼라의 시대라고 할 수 있겠
습니다. 이 시기를 전후로, 좀 더 다양한 칼라의 모습을 찾아보겠습니다.

유행을 따르자니 몸이 불편해

먼저 1620년대 후반의 모습입니다. 다층 구조로 만드는 방법도 있었군요.

1630년경의 모습입니다. 머리가 얹힌 것이 아니라 칼라를 뚫고 나온 듯
한 모습을 연출하고 있습니다.

1640년경의 모습입니다. 두께는 적당하게, 지름은 최대한으로 만드는

여인의 초상
(미셸 얀스 반 미러벨트 작, 1628년경)

여인의 초상
(미셸 얀스 반 미러벨트 작, 1630년경)

안락의자에 앉은 여인
(요하네스 페르스프롱크 작, 1642~45,
슈테델 뮤지엄, 프랑크푸르트 암 마인)

방법으로 시선을 잡아끕니다. 김윤보의 〈형정도^{刑政圖}〉*가 연상되기도 합니다.

이 정도로 거대해졌을 때의 칼라를 카트휠^{Cartwheel}이라고 불렀습니다. 마차바퀴라는 뜻이지요. 생긴 모양과 크기를 보니 제법 그럴듯한 별명입니다.

목을 위한 빈 공간을 포함해서 지름이 70~80센티미터에 달하는 원형 칼라를 달고 있으면 어떨까요? 당연한 말이지만 매우 불편합니다. 현실적으로 가장 큰 불편함은 식사시간에 찾아옵니다. 부채나 노트같이 널따란 물건을 턱 밑에 바짝 가져다 대보면 단박에 이해할 수 있습니다. 보이지 않으니 내 손이 어느 그릇에 가 있는지 알 길이 없습니다. 또한 수

---

* 김윤보(1865-1938)는 근대에 평양을 중심으로 활동한 직업화가이다. 현재 전하는 작품으로 〈산수도〉(서울역사박물관), 〈쌍마인물도〉와 〈설중방우도〉(고려대학교 박물관), 범죄인을 추국·문초·처형·면회 등의 48장면을 그린 풍속화첩 〈형정도첩(刑政圖帖)〉과 〈평생도〉(개인) 등이 있다.

저에 담긴 음식물이 입을 향해 직선거리로 운반될 수도 없습니다. 손을 저 밖으로 뻗었다가 칼라를 넘어 다시 입을 향해 다가와야 합니다.

또 다른 불편함은 무엇이 있었을까요? 하얀색이기 때문에, 세탁일 거라고 생각하기 쉽습니다. 물론 쉽게 오염될 수 있고, 재료도 섬세한 리넨이어서 세탁 시 많은 주의가 요구되는 것은 사실입니다. 하지만 그보다 더 힘든 것은 세탁 이후의 다림질입니다. 평평한 칼라를 다림질할 땐 평평한 다리미로 누르면 그 뿐입니다. 그런데 숫자 8모양으로 꼬여 있는 입체 칼라는 어떻게 다려야 할까요? 아래 사진에 그 답이 있습니다.

이 낯선 물건의 이름은 고퍼링 아이론Goffering iron입니다. 고퍼Goffer가 주름을 의미하니 '주름 다리미'라고 해석할 수 있습니다. 작동 원리는 아래 그림과 같습니다.

A가 가열 스탠드, B가 나무 손잡이 달린 다리미 본체입니다. A에 B를 꽂아둔 상태로 난로나 화로 위에 올려둡니다. 넓적한 바닥에서 전도된 열이 윗부분까지 전해지면, B를 뽑아서 주름 사이사이를 찔러가며 다림

고퍼링 아이론

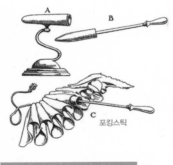

고퍼링 아이론으로 입체 칼라 다림질하기

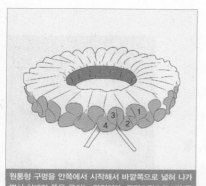

원통형 구멍을 안쪽에서 시작해서 바깥쪽으로 넓혀 나가면서 치대진 풀을 굳히는 작업이다. 포킹스틱으로 1번 구멍에 꽂은 다음 적당한 넓이의 원통이 되도록 풀을 굳히고, 차례대로 2번, 3번, 4번 하는 식으로 작업한다.

질하는 것입니다. 주름 개수만큼의 반복 작업이지요. 잘 건조된 상태의 칼라를 다리는 것이라면 수월하겠으나, 그마저도 아니었습니다. 얇은 리넨이 입체 형태를 유지하게 하려면 풀을 잔뜩 입혀야 합니다. 찐득한 풀물에 담뿍 담그거나 손에 쥔 풀물을 치대가며 다림질을 해야 했으니 대단한 인내를 요하는 작업이었을 겁니다.

참고로 우리 한복에도 '동정'이라고 부르는 탈착식 칼라가 달려 있습니다. 쉽게 때가 타는 목부분을 감싸고 있는 하얀 동정만 떼어 세탁할 경우, 세탁의 효율성이 높아집니다. 뿐만 아니라 동정은 빳빳하게 제작되어 있어 저고리의 중심축 역할을 합니다. 옷 입은 태를 한껏 살려주는 것이지요. 반면 서양의 칼라는 여러모로 편리함과는 거리가 멀었습니다.

거대한 칼라를 입는 것의 단점만 나열해보도록 하겠습니다. 목은 물론 몸 전체의 움직임이 부자연스러워지고, 발밑의 계단도 한층 더 위험해집니다. 세탁도 어렵고, 다림질도 어렵습니다. 보관과 관리에 많은 비용이 듭니다. 혹시 비라도 맞게 되면 칼라 전체가 폭삭 주저앉으니 그보다 더 처량한 꼴이 없습니다. 그리고 가장 중요한 질문. 과연 이 모든 단점을 상쇄할 만큼의 미적 효용이 있었을까요? 많은 사람들이 "아니오"라고 대답할 것 같습니다.

칼라의 결말

모든 이야기에는 기승전결이 있습니다. 소설에서는 발단, 전개, 위기, 절정, 결말이라는 다섯 단계를 이용해서 이 과정을 설명합니다. 칼라의 변천사도 여기에 대입해볼 수 있습니다. 슈미즈의 주름이 밖으로 드러나 보이는 것이 발단입니다. 할아버지 카를로스 1세의 소심한 칼라가 전개입니다. 아들 펠리페 2세의 과감한 칼라가 위기이고, 손자 펠리페 3세의 과장된 칼라는 절정입니다. 이제 어떤 결말이 기다리고 있을까요? 소설의 원

스페인 왕 펠리페 4세(1605~1665)

리대로라면 갈등이 해소되면서 사건이 종결될 것입니다. 이것을 확인하기 위해 증손자의 칼라를 살펴보겠습니다.

펠리페 3세의 뒤를 이어 스페인의 왕이 된 그의 아들 펠리페 4세의 칼라입니다. 카트휠 칼라가 차분한 평면 칼라로 대체되었습니다. 더 크게

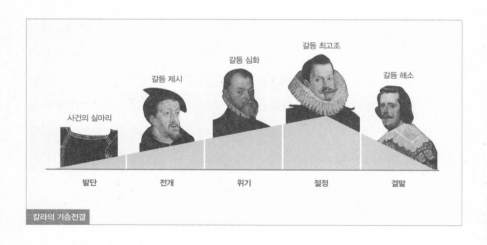

칼라의 기승전결

자라거나 다른 모양으로 변신하지 못하고 갑자기 사라진 것입니다. 어찌 된 영문일까요? 펠리페 4세는 아버지 세대의 과장된 칼라에 거부감을 갖고 있었습니다. 실용성이라곤 전혀 없는 이 물건이 귀족들의 게으름을 상징한다고 생각했기 때문입니다. 그래서 1621년, 왕위에 오르면서 카트휠 칼라 착용을 금지시켰고, 당시 패션의 수도였던 스페인에서 사라지자 나머지 유럽에서도 자취를 감추게 되었습니다. 걷잡을 수 없이 휘몰아치던 이 이야기의 결말치고는 조금 허무하지만 식사가 편해진 착용자 본인이나 다림질이 수월해진 하녀들은 환영했을 법한 변화입니다.

해가 지는 스페인

펠리페 4세의 아들 카를로스 2세 역시 스페인의 왕이었습니다. 친척이나 다른 왕가가 끼어들지 않고 아버지에서 아들로, 부계 혈통의 순수성을 지키면서 5대 동안 자연스럽게 왕위를 계승한 것입니다. 이 다섯 명은 오스트리아에 기반을 둔 합스부르크 왕가의 후손이었고, 이들이 스페인을 통치했던 기간은(1516~1700)은 스페인이 유럽의 지배자로 군림했던 약 150년의 기간(대략 1500~1650)과 겹칩니다.

카를로스 1세(재위 1516~1556)는 별다른 노력 없이 그저 혈통만으로 거대한 제국의 기틀을 마련할 수 있었습니다. 그의 외할머니는 카스티야왕국, 외할아버지는 아라곤왕국의 통치자였습니다. 친할아버지는 신성로마제국의 황제였고, 친할머니는 부르고뉴 왕국의 일부 영토를 계승했습니다. 네 명의 조부모가 다스리던 영토 모두 어머니 아버지를 거쳐서 혹은 조부모로부터 직접 카를로스 1세에게 상속됩니다.

좀 더 자세히 얘기하면, 여섯 살 때 아버지의 사망과 함께 현재 국경 기준으로 네덜란드, 벨기에, 룩셈부르크, 그리고 약간의 프랑스 땅을 물려받습니다. 16살에는 외가의 혈통에 힘입어 카스티야왕국과 아라곤왕국이 합쳐져서 만들어진 스페인왕국을 물려받습니다. 이때 아라곤 왕국에 묶여 있는 이탈리아 남부 대부분과 북부 일부 지역도 함께 받습니다. 19살에는 친할아버지가 사망하면서 신성로마제국, 즉 독일을 물려줍니다. 합스부르크가의 본거지인 오스트리아도 함께였습니다. 그 뿐만이 아닙니다. 외할머니는 콜럼버스의 항해를 후원한 장본인이었습니다. 따라서 신대륙의 대부분도 카를로스 1세의 땅이 되었습니다. 그가 18살 되던 해엔 포르투갈 사람 마젤란이 찾아와 항해 후원을 요청합니다. 젊은 왕은 동의했고 이 투자는 후에 아시아의 식민지로 돌아옵니다. 아들 펠리페 2세의 이름을 따서 명명된 필리핀이었습니다. '해가 지지 않는 나라The empire on which the sun never sets'라는 별칭을 최초로 얻게 된 것은 영국이 아니라 스페인이었고, 스페인의 통치자인 그는 유럽 제1의 권력자였습니다.

강대국이 패션의 중심이 되는 것은 흔히 볼 수 있는 일입니다. 스페인 역시 유럽의 패션 수도로서 각국 왕실의 패션에 영향을 주었고, 이것이 유럽 귀족의 패션이 되었고, 먹고살 만해서 꾸밀 수 있는 여력이 되는 중산층을 거쳐 하층민까지 전파되었습니다. 하지만 검은색을 즐겨 사용해서 종교적으로 엄숙한 느낌을 주는 스페인 스타일은 이내 내리막길로 들어섭니다. 세대를 거치면서 점점 더 무능해진 합스부르크 왕들이 제국의 힘을 갉아먹었기 때문입니다.

카를로스 1세는 황제의 자리에 비교적 잘 어울리는 사람이었습니다. 군대를 이끌고 전장을 누비는 유능한 장수였고 여러 언어에 능통해 국제적인 감각이 있었습니다. 그는 이렇게 말했다고 전해집니다. "나는 신께 말할 땐 스페인어로, 여자에겐 이탈리아어로, 남자에겐 프랑스어로, 그리고 내 말에게는 독일어로 말한다." 딱딱하고 매력 없는 독일어를 비꼬는 내용이긴 하지만 민족적 배경이 다른 제국의 구성 국가들을 통솔하는 데 필요한 언어적 역량이 부족하지 않았다는 것을 짐작케 해줍니다. 그가 황제의 자리에 있으면서 가장 중시한 것은 제국의 종교적 통일성이었습니다. 지중해 동쪽에서 밀고 들어오는 오스만튀르크의 이슬람을 막기 위해, 또 독일과 네덜란드 등, 유럽 내륙에서 시작되어 들불처럼 번지기 시작한 신교 세력을 진화하기 위해 그는 혼신의 힘을 다했습니다. 보름스 회의Diet of Worms(1521)에서 종교개혁자 마르틴 루터를 향해 법외자法外者 선언을 한 것도 그였습니다. 법외자란 법의 보호 밖에 있는 사람입니다. 만약 누군가 그를 해한다 해도 처벌할 근거가 없습니다. 신교와의 전쟁을 선포한 것과 다름없는 것입니다. 이슬람과 크리스트교, 신교와 구교의 갈등은 각지에서 전쟁을 촉발시켰고 제국의 재정에 큰 부담이 되었습니다.

그의 아들 펠리페 2세(재위 1556~1598)는 아버지가 잔뜩 쌓아놓은 빚 덕분에 국가 파산을 선포합니다. 1503년부터 1660년까지 신대륙에서 가져온 은Silver은 약 1,600만 킬로그램이었는데 이것은 전체 유럽의 총 은 보유량의 세 배에 해당하는 것이었습니다. 유럽에서 가장 강력한 국가였고, 신대륙에서 막대한 양의 귀금속이 유입되는데도 돈이 부족했던 것입니다. 그런 스페인을 조롱하는 말이 있었습니다. "스페인에선 은 빼고 다 비싸다." 상공업의 발전이 기대만큼 이루어지지 않았다는 의미이기도 합니다.

---

* 김원중(2001). 「근대초 스페인 제국의 흥기와 몰락」, 이베로아메리카연구, 제12권, 95~123.

펠리페 2세의 별명은 '신중왕'이었습니다. 서류더미에 파묻혀 고민하는 관료적인 왕이어서 아버지와는 많이 달랐지만 종교에 있어서는 아버지보다 더 완고했습니다. 오스만튀르크를 레판토 해전(1571)에서 물리치는 데는 성공했습니다. 하지만 신교 세력을 억압하기 위해 싸웠던 네덜란드와의 80년전쟁 (1568~1648)은 밑 빠진 독처럼 재정을 빨아들이면서 제국을 위태롭게 했습니다. 결과도 패전이었습니다.

카를로스 2세. 스페인 합스부르크왕가의 마지막 왕

펠리페 3세(재위 1598~1621)와 4세(재위 1621~1665)는 위태로운 제국의 통치를 신하에게 위임한 게으른 군주였습니다. 펠리페 3세를 대리한 신하는 부정부패한 인간이었고, 펠리페 4세를 대리한 신하는 열심히 일했으나 성과를 내지 못했습니다. 결과로만 따지면 위임한 사람과 통치한 사람, 넷 모두 무능한 것입니다.

마지막 카를로스 2세(재위 1665~1700)는 무능하고 게으른 데다가 지적으로 열등하고 건강이 심각하게 안 좋았습니다. 네 살까지 말을 못했고, 여덟 살까지 걷지 못했습니다. 머리는 크고, 키는 작고, 야위고 허약한 것은 물론, 경련성 발작, 간헐적 혈뇨, 그리고 얼굴, 복부, 다리 등에 물이 차오르는 부종에 시달렸습니다. 또한 불임이어서 스페인 합스부르크 왕가는 더 이상 이어지지 못했고 스페인 왕위는 프랑스계인 부르봉 왕조의 차지가 되었습니다. 그의 건강이 이렇게 좋지 않았던 것은 너무 잦은

친족 간의 결혼으로 인한 유전자 이상이 극에 달했기 때문이었습니다. 다섯 왕의 사진에서 하관을 살펴보면, 아래턱이 위턱보다 돌출되어 있는 부정교합인 경우가 많은 가운데 카를로스 2세가 가장 심각하다는 것을 알 수 있습니다. 유전자 이상이 대대로 이어지면서 악화되었다는 것에 대한 눈에 보이는 증거입니다. 이런 유형의 부정교합을 '합스부르크 턱'으로 부르기 시작한 배경입니다.

스페인의 태양이 이렇게 저물어가는 사이 군사적 헤게모니는 영국으로 넘어갔고 패션의 수도는 프랑스로 옮겨갔습니다.

---

*   Alvarez G, Ceballos FC, Quinteiro C (2009) 『*The Role of Inbreeding in the Extinction of a European Royal Dynasty*』, PLoS ONE 4(4): e5174.

칼라의 후예

메디치 가문의 남자들이 피렌체를 중심으로 권력과 돈을 경영할 동안 메디치 가문의 여자들은 결혼을 통해 유럽 각지의 유력 가문으로 진출했습니다. 물을 것도 없이, 이런 정략결혼은 메디치 가문의 영향력을 확장하는 데 일조했습니다. 그중 하나가 프랑스 왕족에게 시집간 카테리나 데 메디치Caterina de' Medici(1519~89)입니다. 그녀의 동갑내기 남편은 형의 사망 이후 왕이 되었고, 그녀의 아들 셋도 아버지의 사망 이후 차례로 왕이 되었습니다. 바람둥이 남편의 왕비로 살 때는 권력자가 아니었지만 어린 아들 셋이 왕을 할 동안은 누구보다 강하게 권력을 쥐고 흔들 수 있었습니다. 패션에서도 어느 정도 영향력이 있어서 이탈리아에서 향수 뿌린 가죽장갑의 유행을 프랑스로 가져왔습니다. 쇠로 만든 코르셋을 유행시켜 프랑스 여성들을 고통에 빠뜨린 장본인으로 지목되기도 하는데 이것은 명확하지 않습니다.

역시 프랑스 왕비가 된 마리아 데 메디치Maria de' Medici(1575~642)는 '메디치 칼라'를 유행시켰습니다. 아래 사진에 보이는 것처럼 아주 섬세한 레이스를 머리 뒤에 병풍처럼 두르는 것이 메디치 칼라입니다. 이 칼라가 메디치 칼라로 불리게 된 이유로 "카테리나의 역할이다, 아니다 마리아의 역할이다" 하면서 의견이 갈립니다만, 둘 다 메디치 가문이니, 어느 쪽이 답이어도 큰 차이는 없습니다.

그런데 비슷한 시기, 칼라에 있어 메디치 가문의 여성들조차 범접할 수 없는 수준의 신기원을 이룩한 여성이 바다 건너 영국에 있었으니, 그녀가 바로 엘리자베스 1세Elizabeth I(1533~1603) 여왕입니다. 권력의 크기로 따지면 여왕과 왕비는 하늘과 땅 차이입니다. 그것

마리아 데 메디치

엘리자베스 칼라

을 온 몸으로 표현해야 한다는 의무감이라도 느꼈던 것인지, 엘리자베스의 칼라는 화려함에 있어서 역사상 최고의 정점을 찍은 것들이었습니다. 목 뒤의 병풍도 한 겹으로는 만족하지 못했고, 그 뒤에 나비 날개까지 달아서 금방이라도 날아갈 수 있을 듯한 모습을 연출했습니다. 사람들은 이런 유형의 칼라를 '엘리자베스 칼라'라고 불렀지요. '메디치 칼라'보다 '엘리자베스 칼라'가 더 유명한 것은 당연합니다.

엘리자베스시대가 칼라의 정점이었기 때문에, 그 이후로는 지나치게 과장된 칼라가 완전히 사라졌다고 생각하기 쉽습니다. 하지만 현대까지 그 명맥이 여전히 이어지고 있습니다. 다만 착용 목적이 조금 달라졌을 뿐입니다.

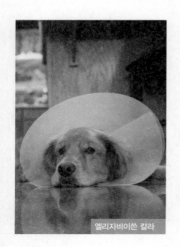

엘리자비이쓴 칼라

뾰로통한 표정의 강아지가 두르고 있는 이 칼라의 정식 명칭은 영어로 엘리자비이쓴 칼라Elizabetahn collar 입니다. 줄여서 이칼라E-collar로 부르기도 합니다. 물론 엘리자베스 여왕과 그 시대에서 영감을 얻은 작명법입니다

르네상스 이후의
과장 혹은 왜곡
_의복 보형물

조선의 왕 중종(재위 1506~1544)에겐 세 명의 정실부인이 있었는데 모두 조선 사람이었습니다. 하나 마나 한 얘기지요? 거의 비슷한 시기, 38년이라는 동일한 기간 동안, 잉글랜드 왕이었던 헨리 8세(재위 1509~1547)에겐 여섯 명의 정실부인이 있었는데 그중 한 명은 스페인, 다른 한 명은 독일 출신이었습니다. 우리나라와는 달리, 유럽의 귀족사회에선 국제결혼이 빈번했다는 것입니다. 결혼을 매개로 한 이런 국제교류는 유럽 패션 발전의 원동력이었습니다.

파팅게일

르네상스 이후 나타난 또 하나의 복식 특징은, 여성들이 하체의 윤곽을 적극적으로 왜곡하기 시작했다는 점입니다. 그 시작이 1400년대 후반 스페인에서 등장한 파팅게일Fartingale입니다. 헨리 8세의 첫 번째 부인이었던 아라곤의 캐더린Catherine of Aragon이 결혼과 동시에 영국에 전파한 것으로 알려져 있습니다. 그 이후, 이름, 소재, 모양이 다른 파팅게일의 후예들이 유럽 전역에서 여성의 실루엣을 결정하게 됩니다.

성 요한의 제단(뻬드로 가르시아 데 베나바레 작, 1470~1480, 카탈루냐).
성 요한의 목을 든 살로메와 그 뒤의 여인들이 파팅게일 드레스를 입고 있다.

1500년대 후반의 자료에 근거해 제작한 파팅게일의 모습*

　파팅게일의 어원은 '어린 나무'를 뜻하는 스페인어에 있고, 그 이름이 의미하는 바는 '나무를 이용해 만든 어떤 것'입니다. 즉, 주재료가 이름이 된 것입니다. 사실 파팅게일은 그리 대단한 것이 아닙니다. 버드나무처럼 잘 휘는 나뭇가지를 꺾어다 링을 만들고, 스커트에 몇 개 심어놓은 것이 전부입니다. 하지만 이 간단한 아이디어는 여성들의 열렬한 지지를 받게 됩니다. 타고난 몸의 윤곽을 원하는 대로 바꿀 수 있게 해주었기 때문입니다. 파팅게일이 인기를 얻으면서 새로운 재료의 개발도 적극적으로 이루어졌습니다.

　나무링은 어떤 단점이 있을까요? 너무 건조하면 탄력을 잃고, 너무 습하면 곰팡이가 피면서 썩기 시작합니다. 그래서 철사, 뻣뻣한 밧줄, 고래뼈 등이 대안으로 떠올랐고 나무보다 더 광범위하게 사용되기 시작했습니다.

---

*　http://costumedabbler.ca/farthhist

파니에

1700년대 초반에는 파니에^{Pannier}가 등장합니다. 파니에의 어원은 빵을 의미하는 라틴어 파니스^{pānis}입니다. 여기서 파나리엄^{pānārium} 즉 빵바구니라는 단어가 파생되고, 이것이 프랑스어로 넘어가 빠니에^{Panier}, 즉 갈대로 짠 바구니를 통칭하는 말이 됩니다. 그런데 옛날에는 짐을 어떻게 옮겼을까요? 동물을 이용할 경우 무게를 양쪽으로 균등하게 분산시켜야 많은 양을 한 번에 옮길 수 있습니다. 그러면 아래 그림과 같은 모습이 됩니다. 즉, 노새의 등에 짊어진 한 쌍의 바구니 역시 빠니에라는 이름으로 불렸다는 말입니다. 어느 날 이와 똑같은 모양의 패션용품이 등장하자 사람들은 고민하지 않고 그것을 같은 말로 부르게 되었고, 이것이 결국 영어 파니에^{Pannier}로 굳어집니다.

원리는 동일합니다. 신체의 윤곽을 원하는 방향으로 왜곡시킬 수 있도

동물을 이용해 짐을 나를 때 사용하는 파니에(Pannier). 자전거나 오토바이에 달려 있는 양쪽으로 균형 잡힌 짐칸 혹은 짐 가방 역시 파니에라고 부른다.

---

* http://wilhelminamarquart.blogspot.kr/2010/04/ah-1700s-you-have-to-love-it.html

▲ 1750~1780년대 영국에서 볼 수 있었던 파니에 스커트
◀ 1750년경 제작된 파니에

록 나무, 철, 고래뼈 등을 이용해 얼개를 만들고, 이것을 스커트 안에 착용하는 겁니다. 앞의 아래쪽 사진은 1750년경 제작된 파니에입니다. 정말 노새가 짊어지고 있는 한 쌍의 바구니와 꼭 닮았습니다. 엉덩이보다는 골반을 강조할 때 유용할 것 같습니다.

크리놀린

다음에 오는 것은 1800년대 초반에 등장한 크리놀린Crinoline*입니다. 크리놀린은 리넨에 말총을 섞어서 짠, 아주 뻣뻣한 직물을 의미하는 말이었습니다. 천 자체가 워낙 뻣뻣했기 때문에 단단한 보조재료를 사용하지 않고도 풍성한 스커트를 만들 수 있었고, 이렇게 만들어진 치마를 크리놀린이라고 불렀습니다. 하지만 사람들은 더 큰 스커트를 원했고, 크리놀린이라는 천은 그 크기를 더는 감당할 수 없었습니다. 결국 다시, 나무, 철, 고

크리놀린

래뼈를 사용하게 되면서 크리놀린은 크리놀린에 더 이상 쓰이지 않게 됩니다. 주재료가 이름이 된 또 다른 사례이지만, 그 재료는 찾아볼 수 없는 모순적인 상황에 이른 것이지요. 파팅게일과 마찬가지로 스커트를 전체적으로 부풀리기 위해 착용했습니다.

---

* http://xixcentury.com/English_costumes_sewing.html

크리놀린 드레스를 입은 덴마크 공주(1860년대)

버슬

크리놀린 다음은 버슬[Bustle]*입니다. 1800년대 중·후반에 등장한 버슬은 왜 버슬이라고 불렸는지 정확히 알려지지 않았습니다. 독일어를 찾아보면 '다발'이라는 뜻을 가진 비쉘[Büschel]이라는 단어가 있는데 여기서 파생되었을 거라고 짐작만 할 뿐입니다. 아래 사진에 있는 것처럼 어떤 물건의 한 다발, 혹은 한 뭉텅이가 엉덩이에 붙어 있는 모양을 빗댄 것이라고 본다면 일리 있는 추론인 것 같습니다. 역시 다양한 재료가 사용되었고 골반은 그냥 둔 채 뒤로 튀어나오는 엉덩이의 크기를 부풀려서 실루엣을 왜곡하기 위해 사용했습니다.

버슬

버슬을 착용한 영국 여인

---

* http://www.vam.ac.uk/content/articles/c/corsets-and-bustles-1880-1890-from-over-structured-opulence-to-the-healthy-corset/

의복 보형물 전성시대

위에서 살펴본 네 가지 유형의 물건을 한마디로 부르는 데 어떤 단어가 적당할까요? 의복의 외형을 바꾸는 일을 하니 '의복 보형물'이라고 하면 알맞을 것 같습니다. 각종 의복 보형물을 사용하면서 여성들이 추구했던 것은 무엇일까요? 우선 이성 유혹이라는 동물적 욕망을 추구한 것이라고 어렵지 않게 짐작할 수 있습니다. 여성의 신체 중 크고 풍만한 엉덩이와 골반은 흔히 성적 매력을 발산하는 중요한 부분이라고 여겨집니다. 이것을 과장함으로써 남성에게 더 효과적으로 어필할 수 있었겠지요. 물론, 여성이 여성을, 남성이 남성을, 아예 성별에 구애받지 않고 유혹하는 경우도 있습니다. 그 모든 관계에서의 성적 매력을 전부 파악하는 것은 어려운 일입니다. 가장 보편적인 이성간의 관계를 기준으로 해석했을 때 그렇다는 말입니다. 다음으로는 사회적 욕망을 추구한 것으로 이해할 수 있습니다. 그 대상이 남자든 여자든, 타인에게 자신이 가진 비교 우위를 의복을 통해 드러내고자 했던 것입니다. 그 비교 우위를 결정하는 기준에는 계급, 권력, 재산 등 대부분의 사람이 중요하게 여기는 많은 요소가 포함되어 있습니다. 그렇기에 의복의 발전은 계급을 드러내고, 권력을 드러내고, 재산을 드러내고, 성적 매력을 드러내는 쪽으로 이루어질 수밖에 없었습니다. 그리고 이와 같은 의복 발전의 방향성은 거의 매번 우스꽝스러운 경쟁으로 귀결되곤 했습니다.

다음 사진은 1750년경 영국에서 입던 드레스입니다. 골반 사이즈를 과장한 것이니 굳이 스커트를 들춰보지 않더라도 속에 파니에를 입었다는 것을 알 수 있습니다. 그런데 한눈에 척 보기에도 너무 지나칩니다.

『어린왕자*Le Petit Prince*』에 나온 보아뱀은 코끼리를 꿀꺽 삼켜서 중절모 모

1750년경의 영국 드레스*

과한 버슬을 착용하는 당시 여성들의 모습을
달팽이 드레스로 풍자했다.

코끼리를 삼킨 보아뱀

*   http://metmuseum.org/exhibitions/view?exhibitionId=%7B063A1AA2-5A4E-439A-A332-
046E00E8BD73%7D&oid=82426

양이 되었습니다. 마치 그 장면처럼 이 드레스는 파니에를 모르는 사람들에게 많은 상상력을 불러일으킬 것만 같습니다. 통통하게 부풀어 오른 거인의 식빵을 스커트 안에 감춘 모습 같기도 합니다. 눈이 침침한 거인이 페인트 붓으로 착각해서 거꾸로 집어 들지도 모르겠습니다. 여성들의 파니에 경쟁이 절대 예쁘다고 말할 수 없는 기이한 결과를 초래한 것이지요.

파팅게일, 크리놀린, 버슬도 다르지 않았습니다. 세간의 조롱이 심해질 때까지 크기를 늘리거나 모양을 괴상하게 바꾸었습니다. 크리놀린의 경우 밑단의 직경이 2미터 가깝게 커지기도 했는데, 그 실제 크기의 위력을 짐작할 수 있게 해주는 놀라운 사건도 있었습니다.

유행은 비극을 낳고

1885년 봄, 영국의 어느 작은 도시, 스물두 살의 젊은 여인 사라^{Sarah}의 이야기입니다. 약혼자로부터 이별을 통보 받은 그녀는 너무나 큰 절망감에 휩싸여 도시에서 제일 높은 현수교로 갔습니다. 그러고는 누가 말릴 틈도 없이 75미터 아래 강물로 뛰어내렸습니다. 주위에서 그 광경을 목격한 사람들은 대경실색할 수밖에 없었지요. 하지만 더 놀라운 일은 그다음이었습니다. 그녀가 강물이 아니라 강둑의 진흙 벌에 떨어진 것입니다. 그녀가 입고 있던 넓은 크리놀린이 낙하산 역할을 하여 강둑으로 밀어낸 것이지요. 행인들은 빠른 물살에 뛰어들 필요 없이 진흙 속에 박혀 있는 그녀를 손쉽게 구해낼 수 있었습니다. 이 사건이 있은 후, 그녀는 결혼도 하고 85세까지 장수했습니다. 크리놀린이 한 여인의 생명을 구한 것입니다.

사라의 크리놀린은 해피엔딩으로 마무리되었지만, 수없이 많은 다른 여인들의 크리놀린은 그렇지 못했습니다. 무슨 말인고 하니, 크리놀린 때문에 크게 다치거나 목숨을 잃는 여인이 사회적 문제로 거론될 만큼 많았다는 뜻입니다. 간단하게 나열해보겠습니다.

- 계단에서 치맛자락 밟고 넘어지기
- 강풍에 휩쓸려가기
- 치맛자락이 마차바퀴에 끼는 바람에 거꾸로 끌려가기
- 치맛자락이 공장기계에 끼어 톱니바퀴 속으로 빨려 들어가기
- 양지바른 잔디밭에 한가로이 다리 뻗고 앉아 있다가 지나가던 사람이 실수로 치마를 밟았을 때, 치마의 철로 만든 링이 살 속으로 파고들어가는 통에 다리 다치기

그 가운데 가장 위험한 것은 불이었습니다. 서양엔 벽난로가 흔합니다. 게다가 당시의 여성은 부엌일을 도맡아 했지요. 워낙에 크고 넓은 크리놀린의 끝자락이 화염 가까이까지 뻗어 있지는 않은지, 목숨을 소중히 여기는 모든 여자가 주의를 기울였겠지만 스물네 시간 완벽하지는 못했을 겁니다. 결과는? 1864년, 〈뉴욕 타임스 *The New York Times*〉는 크리놀린에 불이 옮겨 붙어 사망한 여성이 전 세계적으로 40,000여 명에 이를 것으로 추산한 바 있습니다. 하나의 유행은 경쟁이 되고, 경쟁은 때때로 비극을 낳기도 합니다.

---

* https://bizarrevictoria.wordpress.com/2015/12/04/death-by-crinoline/

실제 사건이 일어났던 이스턴(Easton) 시의 현수교(Clifton Suspension Bridge)

A SKETCH DURING THE RECENT GALE.

〈최근, 강풍 불던 날의 스케치〉*

부르달루

물론 민망할 수 있지만 삶의 자연스런 일부이니 궁금한 것도 어쩌면 당연합니다. 대형 크리놀린을 입은 상태로 어떻게 소변을 보았을까요?

아무리 팔이 길어도 허리춤에 걸쳐 있는 팬티를 내릴 수는 없기 때문에 속옷의 구조는 그와 달라야 했을 겁니다. 속옷을 아예 입지 않거나, 밑이 트인 드로워스 Drawers라는 속바지를 입음으로써 이 부분은 쉽게 해결될 수 있었습니다. 다음으로 필요한 것은 챔버폿Chamber pot, 즉 요강입니다.

요강을 이용해 서 있는 상태에서 소변을 보면, 불편한 것은 물론이고 지저분해지기 쉬웠겠지만, 최대한 조심하는 수밖에는 없었습니다. 오른쪽 페이지의 아래 사진이 여성들이 외출할 때 이용했던 휴대용 요강입니다. 크기는 약 20센티미터 남짓이고 도자기로 된 것이 많았습니다. 작고 예쁘고 고급스런 요강이네요.

그런데 정말 궁금한 것은 이 휴대용 요강의 이름이 왜 '부르달루Bourdaloue'인가

단추
허리밴드
(탄력성 없음)

드로워스의 뒷모습

챔버폿으로 볼 일 보기

루이 부르달루

하는 점입니다. 루이 부르달루Louis Bourdaloue는 설교 잘하기로 유명한 프랑스 성직자였습니다.

도시 전설에 따르면, 부르달루의 설교는 매우 길어서 몇 시간씩 이어지는 경우가 많았는데, 모든 설교, 모든 부분이 하나같이 감동적이었다고 합니다. 신자들은 단 한 순간도 자리를 뜨기 원치 않았고, 결국 들으면서 요강에 소변을 보았다는 것입니다. 다른 버전도 있는데, 자리를 뜰 수 없는 건 마찬가지인 부르달루 자신이 요강에 소변을 보면서 설교를 이어갔다는 내용입니다. 둘 다 재미있기는 하지만 근거는 없습니다. 설교에 감동을 받았다는 신자들이 그 설교자의 이름을 요강에 갖다 붙였다는 것 자체가 상식에 위배되기도 합니다.

아마도 이것은 교양을 지키기 위한 일종의 위장어로서 후대에 정착된 것이 아닐까요? 아무리 볼 일이 급하다 해도 하녀더러 "요강Chamber pot 가져와"라고 직설적으로 말하는 것은 전혀 귀족적이지 않습니다. 좀 더 교양 있어 보이는 암호가 있다면 나쁘지 않겠지요. 왜 하필 성직자의 이름이 암호가 되었는가에 대해서는 역사적 기록이 없으니 해답을 찾을 방법이 없습니다. 다만, 우리 문화에 대입해보면 그것이 전혀 어색한 어감은 아니었을 거라고 짐작할 수 있습니다.

"그네를 너무 오래 탔는가 보다. 향단아, 달마대사님 좀 건네주련?"

휴대용 요강

코르셋과 고래뼈

'데카당스^{Décadence}'는 기괴하고, 관능적이고, 향락적이고, 세기말적인 예술의 경향을 일컫는 프랑스어입니다. 우리말로는 '퇴폐주의'입니다. 다음 문장은 나폴레옹이 그의 친구에게 보낸 편지에서 발췌한 것으로 어떤 패션 아이템에 대한 평가입니다. 두 개의 빈칸에 공통으로 들어갈 알맞은 말은 무엇일까요?

"[   ]은 인류를 멸종시키는 암살자다. 이 교태스러운 옷, 그리고 (그것을 채택하고 있는 이 사회의) 저급한 취향이 여자를 고문하고, 살해하고, 그들의 미래 자손을 파괴한다. [   ]은 경망스럽고 지독한 데카당스의 산물이다"

정답은 '코르셋'입니다.

18.5인치

서양 패션에 별 관심이 없는 사람이라 할지라도 코르셋^{Corset}만큼은 알고 있습니다. 아니, 모르고 싶어도 모를 수 없다고 말하는 것이 더 정확

힘껏, 더 힘껏 조여줘[*]

할 것 같습니다. 15세기 후반에서 20세기 초를 배경으로 하는 서양 문학이나 드라마, 영화의 여주인공들은 거의 예외 없이 코르셋을 입고 등장했으니까요. 가장 유명한 것 중 하나로 1939년에 개봉된 영화 〈바람과 함께 사라지다Gone with the Wind〉를 꼽을 수 있습니다.[*]

이 장면에서 주인공 스칼렛 오하라Scarlett O'Hara는 침대 기둥을 꽉 잡은 채 버티고, 하녀는 코르셋 끈을 힘껏 당겨 18.5인치의 허리를 만들어줍니다. 잘록한 허리가 된 주인공은 만족스러워합니다. 주인공이 출산한 뒤에 비슷한 장면이 다시 한 번 반복됩니다. 그런데 이번에는 아무리 당겨도 허리 사이즈가 20인치 이하로 줄어들지 않습니다. 주인공은 세상이 무너진 듯 절망하고, 하녀는 "무슨 수를 써도 다시 18.5인치가 될 수는 없다"라고 담담하게 말해줍니다.

---

[*] http://www.frockflicks.com/top-5-corset-scenes/

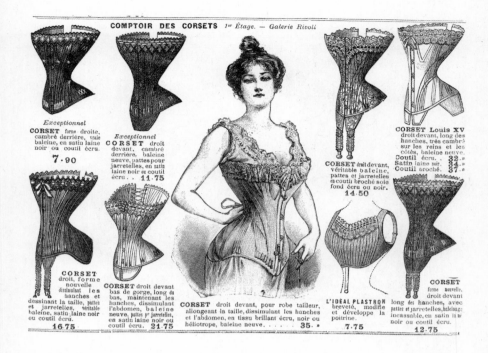

COMPTOIR DES CORSETS *1er Étage. — Galerie Rivoli*

Exceptionnel
CORSET forme droite, cambré derrière, vraie baleine, en satin laine noir ou coutil écru.
7·90

Exceptionnel
CORSET droit devant, cambré derrière, baleine, pattes pour jarretelles, en satin laine noir ou coutil écru. . **11·75**

CORSET droit, forme nouvelle dissimulant les hanches et jarretelles, véritable baleine, satin laine noir ou coutil écru.
16·75

CORSET droit devant bas de gorge, long du bas, maintenant les hanches, dissimulant l'abdomen, baleine neuve, pattes pr jarretelles, en satin laine noir ou coutil écru.
21·75

CORSET droit devant, pour robe tailleur, allongeant la taille, dissimulant les hanches et l'abdomen, en tissu brillant écru, noir ou héliotrope, baleine neuve. . . . . **35· »**

CORSET droit devant, véritable baleine, pattes et jarretelles en coutil broché soie fond écru ou noir.
14·50

L'IDÉAL PLASTRON breveté, modifie et développe la poitrine.
7·75

CORSET Louis XV droit devant, long des hanches, très cambré sur les reins et les côtés, baleine neuve.
Coutil écru. . **32·»**
Satin laine noir. **34·»**
Coutil broché. **37·»**

CORSET forme nouvelle, droit devant long des hanches, avec pattes et jarretelles, baleinage incassable, en satin laine noir ou coutil écru.
12·75

1878년의 코르셋

이 영화의 시대적 배경이 1800년대 후반이니, 당시 여성들이 이상적으로 생각하는 허리 사이즈가 18.5인치 전후라는 것을 알 수 있습니다. 이 사이즈가 얼마나 비현실적인지 간단한 비교를 통해 알아보겠습니다. 2015년 기준 우리나라 20~24세 여성의 평균 허리 사이즈는 28인치입니다. 날씬해지기 위해 온갖 노력을 마다 않는 미스코리아 참가자들의 허리 사이즈도 24~25인치 정도입니다. 가장 결정적인 것은 이것입니다. 위 영화에서 스칼렛 오하라 역을 맡은 배우

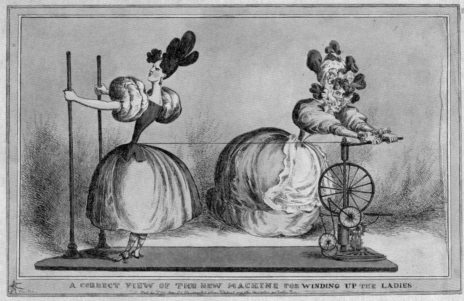

'여성의 허리를 죄어주는 새로운 기계'라는 이름이 붙은 그림.
오른쪽 여성이 왼쪽 여성의 허리를 좀 더 가늘게 만들어주려고 실이 감긴 바퀴를 부지런히 돌리고 있다.

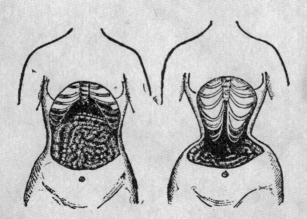

'자연 vs. 코르셋'(1903). 코르셋 착용으로 여성의 내부 기관에 변형이 오는 모습을 표현했다.

는 당대 최고 미인이라 일컬어졌던 비비안 리^{Vivien Leigh}인데, 영화에 출연할 당시의 허리 사이즈가 25인치였습니다. 즉 25인치 허리를 가진 배우가 18.5인치 허리를 가진 것처럼 연기한 것입니다. 영화는 '그럴듯한 허구'라던데, 이 정도면 '심각한 허구'라고 해야 할 것 같습니다. 옛날 여성들이 더 날씬했다고 가정하더라도 편안한 상태에서 18.5인치라는 허리를 가진 여성은 극히, 매우 극히, 드물었을 겁니다.

이상과 현실, 과거와 현재

이상적으로 생각하는 허리 사이즈와 자신이 가진 실제 사이즈의 차이가 크면 클수록 심리적으로나 육체적으로 고통스럽습니다. 골반 사이즈가 불만이면 파니에를, 엉덩이 사이즈가 만족스럽지 않으면 버슬을 착용하면 됩니다. 물론 무겁고 거추장스럽지만 감당하지 못할 만큼의 고통은 아니어서 마음만 먹으면 몇 십 인치도 늘릴 수 있습니다. 하지만 사이즈를 줄이는 것은 전혀 다른 이야기입니다. 고작 2~3인치도 괴롭습니다. 코르셋으로 복부를 너무 많이 옥죄는 바람에 만성 소화 불량과 호흡 곤란에 시달렸던 여인들이 많았다는 것은 잘 알려진 사실입니다. 여자 아이들에게도 코르셋을 입혔다는 얘기를 들으면 아동 학대라는 생각마저 듭니다. 심지어 임산부도 코르셋을 입었다는 사실을 알게 되면 당시 사람들의 맹목적인 유행 추종에 혀를 내두르게 되지요.

현대 여성들도 임산부를 위해 제작된 특별한 속옷을 많이 입습니다. 무거워진 배를 받쳐주어 활동을 편하게 하려는 목적도 있고, 보기 흉한

팽창선조膨脹線彫를 방지하여 출산 후 원래의 몸매를 빠르게 또 흉 없이 회복시키기 위해서 입기도 합니다. 하지만 과거의 임산부용 코르셋은 현대의 임산부용 거들과 그 목적부터 달랐습니다. 불룩한 배를 위해 제작된 것이 아니고 불룩한 배를 최대한 오래 감추기 위해 제작된 것이니까요. 상류층 여인들의 경우 임신한 티가 나면 파티나 극장 관람 등 유흥 활동에 참여하기 어렵기 때문에 코르셋을 착용했습니다. 형편이 빠듯한 직장 여성들은 임신한 사실이 발각되면—특히 산업혁명 이후—공장에서 해고당했기 때문에 무거운 배를 드러낼 수 없었습니다.

이런 실질적인 이유 말고도 당시의 미의 기준은 임신한 몸들에게 전혀 친절하지 않았습니다. 성격은 유순해야 하고, 얼굴은 창백해야 하고, 몸매는 가냘파야 하고, 성적으로는 경험이 전무全無한 여자가 이상적인 여성상이었습니다. 부인할 수 없는 성경험의 증거인 임신한 배는 이와 같은 이상적 여성상에 부합할 수 없었고 따라서 부끄러운 것으로 여기는 사람들도 있었지요. 밥 먹어서 나온 배를 누르는 것도 힘든데, 밥도 더 많이 먹어야 하고 태아도 키워야 하는 배를 누르는 것은 얼마나 힘들까요?

새끼를 배는 동물은 암컷입니다. 아이를 갖는 인간은 여성입니다. 이 둘을 한 번에 지칭할 수 있는 단어로 무엇이 있을까요? 우리말에선 찾기가 쉽지 않습니다. 어쩔 수 없이 다음 문장을 위해 영어 단어 하나를 빌려오겠습니다. 단공류單孔類를 제외한 모든 포유류 동물의 피메일Female이 임신을 하는데, 왜 유독 인간 세상만 임신한 피메일에게 야박했을까

---

* 살이 트는 것으로 임신선(姙娠線)이라고도 한다. 임신기에 부신피질호르몬이 갑자기 늘어나 진피 내의 콜라겐 섬유가 파괴되면서 나타나는 증상이다.

** 포유류로 분류되지만 단공류는 알을 낳는다. 오리너구리, 바늘 두더지 등이 있다.

요? 참 이해하기 어려운 세상이었네요.

그런데 이것이 과거에 국한된 문제인지는 의문입니다. 요 근래 인기를 얻었던 〈시그널〉이라는 드라마가 있습니다. 과거의 형사와 현재의 형사가 무전기를 통해 대화할 수 있다는 설정이었죠. 마찬가지로 코르셋을 입던 옛날 임산부들이 현재의 임산부들과 대화하게 된다면 어떨까요? 옛날 여인들이 묻습니다. "미래의 세상엔 임산부에게 별다른 걱정거리가 없겠죠? 임신했다고 회사에서 잘리는 일은 상상할 수도 없지요? 간호사처럼 교대 근무를 하는 곳에 만약 임신순번제가 있다면 당연히 관리자들이 처벌받지요?" 설레면서 묻는 그녀들에게 현재의 임산부들은 어떤 답을 들려줄까요?

핸드 메이드 vs. 레디 투 웨어

위에서 설명한 바와 같이 코르셋을 착용하는 문화 속에서 살아가는 것은 참 어렵고 불편했습니다. 그래도 다행인 것은, 객관적 비교가 지금보다는 덜 활발했다는 점입니다. 왜 그랬는지는 핸드 메이드^{Handmade}와 레디 투 웨어^{Ready to wear*}의 차이를 생각해보면 쉽게 이해할 수 있습니다.

요즘은 아주 고급품을 수식하는 말로 '핸드 메이드'를 사용하지만 과거에는 거의 모든 옷이 핸드 메이드였습니다. 여자의 의무 중 하나가 가족의 옷을 짓는 것이었기 때문에 여자 아이는 손을 놀릴 수 있는 나이부터 바느질 교육을 받았습니다. 당연히 자기가 입을 옷은 스스로 만들었

---

* 기성복을 뜻한다. 미국 신문 등에서는 'RTW'라고 줄여서 쓴다.

지요. 코르셋 역시 마찬가지였습니다. 자기가 제 허리를 재고 자기 방에 앉아 꿰매는 것이니, 남들은 그 허리둘레가 얼마인지 알기 어려웠지요.

매력적인 몸매와 건강을 선물하는 마그네틱 코르셋 광고(1892년경)

물론 18세기 이후 코르셋 전문 제작자가 등장하면서 남이 만든 코르셋을 입는 일도 점차 증가했지만 1:1 맞춤 제작이었기 때문에 고객 정보는 여전히 안전했습니다. 키는 165센티미터, 몸무게는 49킬로그램, 밑가슴 둘레는 75센티미터, 유방은 C컵, 청바지는 24인치, 겉옷은 44사이즈와 같이 모든 신체와 의복의 사이즈가 표준 수치화되고 그에 해당하는 제품들이 백화점 판매대 위에 크기순으로 나열되어 있지 않았기 때문에 그 수치에 집착하거나 수치를 가지고 서로 비교하며 상처 받는 일이 드물었다는 뜻입니다.

또한 통신수단도 구식이었습니다. 디지털 카메라와 인스타그램 계정이 있어야 요가복 입은 잘록한 허리를 바로바로 자랑할 수 있습니다. 그림으로 그려서 편지로 부치는 것은 너무 어려운 일이지요. 남의 개미허리 때문에 내 허리가 통나무로 보이는 착시현상을 경험할 일이 많지 않은 통신환경이었다는 말입니다.

코르셋이 보편화된 후 새신랑이 지켜야 하는 첫날밤 예절 중 하나는 코르셋 끈을 최대한 천천히 푸는 것이었습니다. 욕정을 제어하는 모습을 보여줌으로써 신부의 신뢰를 사는 과정이었지요. 이러한 특별함이 있었기에 결혼 적령기의 여성들은 자기가 입을 코르셋 제작에 정성을 다했습니다. 직물은 소유하고 있는 것 중 으뜸인 것을 사용했고, 그 직물을 뻣뻣하게 해주는 뼈대는 각종 의복 보형물을 제작할 때와 마찬가지로 나무, 철, 고래뼈 등을 사용했습니다.

고래뼈?

그런데 한 가지 이해되지 않는 대목이 있습니다. 나무와 철은 두께 조절을 통해 원하는 강도와 탄력을 얻을 수 있는 재료임이 분명합니다. 그런데 고래뼈는 어떨까요? 코르셋 끈을 힘껏 조이면 '뚝' 부러지지 않았을까요? 게다가 고래뼈는 고래만큼 클 텐데, 그렇게 큰 뼈를 일일이 손으로 깎아 코르셋 재료를 만들었을까요?

사실 코르셋을 만드는 데 고래뼈가 쓰인 일은 없었고, 정작 사용된 것은 고래수염이었습니다. 그렇다면 왜 고래뼈가 쓰인 것처럼 잘못 알려졌는지 알아보겠습니다.

서양에서 고래수염은 두 가지로 불립니다. 하나는 웨일본Whalebone이고 다른 하나는 벌린Baleen입니다. 그러면 한 가지 의미를 가진 두 가지 표현이 가능해집니다. 예를 들면,

"Whalebone used in stiffening corsets."

"Baleen used in stiffening corsets."

두 명사구 모두 "코르셋을 강화하는 데 쓰인 고래수염"이라고 번역해야 맞습니다. 그런데 웨일본이 고래뼈를 의미한다고 착각한 사람들이 '고래뼈'라고 번역하면서 오해가 생긴 것입니다. 파팅게일, 파니에, 크리놀린,

버슬, 코르셋까지, 고래뼈가 쓰인 적은 없습니다.

그런데 여전히 의아한 점이 남습니다. 아무리 큰 고래라지만 그 수염이 나무나 철만큼의 강도와 탄력을 가진다는 것이 가능할까요? 이번엔 한국말에서 오는 오해입니다. 수염이라고 부르기 때문에 홍합 따위의 잔잔한 털이 연상되고, 그러니 단단한 나무나 철의 대용으로 쓰이기 어려울 것이라고 짐작하는 것이지요. 그런데 고래수염의 사진을 보면 모든 것이 이해됩니다. 옆의 사진이 고래수염입니다. 이름이 수염이어서 얼마나 많은 오해를 받아왔을까요. 오른쪽 페이지 맨 위가 고래수염의 단면입니다. 마치 단단한 아크릴판 같습니다.

두 장의 사진을 보고 나니 내내 찜찜하게 맴돌았던 마지막 의문이 풀립니다. 왜 서양 사람들이 고래수염을 웨일본 Whalebone이라고 불렀는지 알 것 같습니다. 참고로 진짜 고래뼈를 의미할 땐 약간 다른 방식으로 말합니다. 가령 'whale bones' 혹은 'bones of whales'라고 하지요.

고래수염은 고래 주둥이에서 위턱, 다른 동물이라면 이빨이 있어야 할 자리에 위치해 있는데 사람의 머리카락처럼 케라틴 성분으로 이루어져 있습니다. 마치 뿔처럼 단단한 이것을 원하는 모양으로 자르고 ⇨ 뜨거

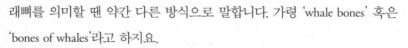

고래수염을 들고 있는 사람

---

* 본 책도 9장부터 "고래뼈가 사용되었다"고 몇 차례 설명했습니다. 이는 잘못된 정보를 전하려는 의도가 아니라 10장의 설명을 자연스럽게 이끌어내기 위한 설정이었습니다. 일부의 패션 자료가 "고래뼈가 사용되었다"고 잘못 설명하고 있는데, 그 자료를 살펴보지 않으신 독자께는 잘못 사용되고 있다는 사실 자체가 생소할 것이라는 판단에서 이렇게 계획하였습니다. 기만으로 받아들이지 않기를 바랍니다.

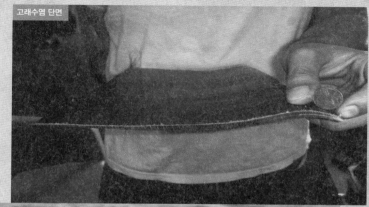
고래수염 단면

위턱에 붙어 있는 고래수염

고래뼈

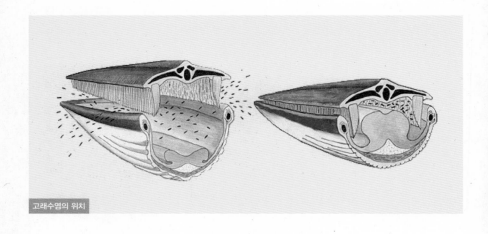

고래수염의 위치

운 김을 쏘여 말랑하게 만들고 ⇨ 원하는 곡선으로 모양을 잡고 ⇨ 천천히 말린 후 사용하면 코르셋은 물론 각종 의복 보형물을 위한 최고급 재료가 되는 것이지요.

고래에게

그 덕분에 고래가 아주 많이 죽어야 했던 것은 너무 슬픈 일입니다. 고래 기름으로 가로등을 밝히면 다른 기름을 썼을 때보다 불꽃이 더 영롱하고 그을음도 적습니다. 안 그래도 그 이유 때문에 학살당하고 있었는데, 고래수염까지 가치 있는 의복 재료가 되고 나니 고래들은 너무 무섭습니다. 숨 쉬려고 올라갈 때마다 등가죽에 작살이 쏟아집니다. 도망갈 곳이 없습니다. 북극까지 쫓아옵니다. 그렇게 몇 백 년을 날마다 죽었습니다.

부칠 순 없겠지만, 그래도 한 줄 편지를 적고 싶습니다.

"고래야 미안해!"

댄스 아일랜드의 고래 사냥(아브라함 스페크 작, 1634)

고래 사냥(아브라함 얀스 스토르크 작, 1660~99). 북극해에서 고래를 사냥 중인 네덜란드인들이 유빙에 올라 북극곰을 살상하고 있다.

연결고리_ 흑인 최초의 아카데미상

가장 행복한 날 지어 보였던 슬픈 표정은 결코 연기일 수 없었습니다. 예쁘고 날씬하고 당차고 매력적인 스칼렛 오하라의 코르셋 끈을 조이던 못생기고 뚱뚱하고 퉁명스럽지만 충직함만큼은 일등인 하녀 역을 맡았던 해티 맥대니얼Hattie McDaniel, 1895~1951의 이야기입니다.

영화는 대 성공이었고, 이듬해 열린 제12회 아카데미 시상식은 단연 〈바람과 함께 사라지다〉의 독무대였습니다. 컬러 장편영화를 위해 마련된 총 16개의 상 중, 13개 부문에서 후보에 올랐고, 그중 8개를 수상했습니다. 작품상, 감독상, 각본상, 촬영상, 예술상, 편집상, 여우주연상(비비안 리), 여우조연상(해티 맥대니얼)까지, 한마디로 휩쓸어버린 것입니다.

남녀 통틀어 흑인 배우로서 최초로 아카데미상을 수상하게 된 그녀는 비비안 리 등의 백인 동료들이 앉아 있는 테이블이 아니라, 구석에 임시로 마련된 작은 테이블에 따로 앉아 차례를 기다렸습니다. 시상식 장소였던 LA 앰버서더 호텔은 흑인 출입금지 구역이었습니다. 영화 제작자의 간곡한 부탁이 있었기에 아주 잠깐의 출입이 허락된 상황, 그 자리에 모인 수많은 배우와 청중 가운데 유일한 흑인으로서 어느 자리에 앉느냐는 문제로 불만을 표할 수조차 없었습니다. 드디어 상패를 받고 그녀가 수상소감을 말할 차례가 되었습니다(당시 여우조연상의 경우 사람 모양 트로피가 아니라 상패를 수여했습니다). 그녀는 이렇게 말합니다.

앞으로 제가 해내게 될 모든 일을 위한 등대로서 이 상을 간직하도록 하겠습니다. 제가 영화계는 물론 흑인의 명예가 될 수 있기를 간절히 희망합니다.

* http://www.hollywoodreporter.com/features/oscars-first-black-winner-accepted-774335

해티 맥대니얼

　그녀의 희망은 실현되었을까요? 그녀는 흑인들로부터 불명예로 취급받았습니다. 그녀가 하녀 전문 배우였기 때문입니다. '흑인=하녀'라는 부정적 인식이 그녀가 하녀 역할을 할 때마다 더욱 강화된다고 본 것이지요. 백인이 주도하는 영화계에선 하녀 역할만 주고, 흑인들은 하녀 역을 한다는 이유로 비난하고, 양쪽에서 치이는 삶이다 보니 평탄치만은 않았습니다.

　암으로 세상을 떠나게 되었을 때, 그녀는 할리우드에 있는 공동묘지에 묻히길 원했습니다. 그러나 그 마지막 소원마저 실현되지 못했습니다. 그 묘지도 흑인 출입금지 구역이었기 때문입니다. 원했든 원치 않았든, 갈라진 세상에서 중간자로 살아가는 일만큼 외로운 것도 없습니다.

블루머스와 자전거

영국의 심리학자 존 플뤼겔^{John C. Flügel}은 사람들의 패션을 관찰하면서 이런 말을 남겼습니다. "유행은 이해하는 것이 아니라 복종하는 것이다." 즉, 어떤 옷을 입는가는—대부분의 경우— 스스로의 선택이기보다는 주변 사람들이 입는 것을 보고 따라 입는 수동적 행위라는 것입니다. 그런 유형의 선택은 안전합니다. 누구도 그 사람의 옷을 이상하다고 조롱하지 않고 불량하다면서 계도하려 들지도 않습니다. 그런데 간혹 온갖 반대를 무릅쓰고 용감한 선택을 하는 사람들도 있습니다.

자전거 탄 인형의 수난

아주 괴상하고 오싹한 사진 한 장을 보겠습니다. 도대체 무슨 일이 벌어지고 있는 것일까요?

1897년, 영국 케임브리지 대학에 재학 중이던 남학생들은 대학 평의회가 검토 중이던 어떤 안건에 대해 단단히 화가 나 있었습니다. 그래서 그 화를 표출하기 위해 실물 크기의 여자 인형을 제작해 평의회 위원들이

교수된 여자 인형

볼 수 있도록 그들의 사무실 맞은편 건물 2층 창 밖에 목매달아 걸어놓
았습니다. 마녀 같은 표정으로 공중에 매달려 있는 인형을 보면서 두 가
지 의문이 듭니다. "대체 어떤 안건이기에 남학생들이 이토록 분개했을
까?" 그리고 "교수된 인형은 왜 자전거를 타고 있을까?"

　첫 번째 의문에 대한 답, 즉 평의회가 논의 중이던 안건은 "케임브리지
학위를 여자에게도 수여해야 하는가?"였습니다. 1209년에 설립되어 세계
에서 네 번째로 오래되었고, 옥스퍼드와 함께 영국을 대표하는 명문 대
학이 케임브리지입니다. 당연히 소속 학생들의 자부심은 대단했습니다.
졸업과 함께 수여되는 학위는 그 자부심의 상징이었고 공식적으로 케임
브리지의 일원이 된다는 것을 의미했는데, 그것은 오직 남자에게만 허락
된 일이었습니다. 이 대학이 남자들만 다니는 학교라면 전혀 이상할 것
이 없겠지만, 다른 수많은 대학과 마찬가지로 여학생 역시 공부하는 곳

이었습니다. 케임브리지에서 공부했다 하더라도, 여자는 학위를 받을 수 없었다는 겁니다.

당시 케임브리지 대학^{University}은 자치권을 가지고 있는 25개의 칼리지^{College}로 구성되어 있었는데, 성별의 구분이 명확했습니다. 22개의 칼리지에선 남자가, 나머지 3개의 칼리지에선 여자가 공부했습니다. 졸업할 때도 그 구분은 명확했습니다. 남자에게는 공식 학위를, 여자에게는 수료증을 수여한 것입니다. 이런 일이 가능했던 이유는 여자 칼리지를 대학의 정식 구성 기관으로 인정하지 않았기 때문입니다. 1869년 여자 칼리지로서 가장 먼저 설립된 길튼^{Girton}을 비롯하여 다른 2개의 여자 칼리지에 등록되어 있던 학생들은 커리큘럼이 완전히 같지는 않더라도 남학생과 동일한 과목을 듣고 동일한 시험을 치르는 경우도 있었습니다. 하지만 학업의 끝에 받게 되는 증서에 의도적으로 반영된 차이만은 인정해야 했습니다.

좀 더 정확히, 여자 인형이 교수되던 날 평의회가 논의했던 사안은 "길튼을 케임브리지의 정식 칼리지로 인정할 것인가?"였습니다. 만약 정식 칼리지가 된다면 길튼의 졸업생은 수료증이 아니라 공식 학위를 받게 될 테지요. 남학생들이 결코 받아들일 수 없다고 생각해서 격렬히 반대한 것은 바로 그것이었습니다. 또 다른 종류의 '구분 짓기'였던 겁니다.

여성은 '따뜻한 배려'의 대상일 뿐?

자신들과 동일한 수준의 지적 능력을 인정받게 될지도 모를 여자에 대한 적개심으로 여자 인형을 목매어 달아놓은 남자들의 행동을, 지금에는 어리석고 치졸하다 평가할 수 있겠지만, 당시의 사회 분위기에선 크게 이상한 일도 아니었습니다. 여자의 지적 능력이 남자보다 열등하다는 편견이 과학적 진실로 둔갑하던 시절이었으니까요. 과학의 탈을 쓴 오류의 예는 다양했습니다. 우선 해부학적 지식이 이용되었습니다. 여자의 뇌 용적이 남자의 것보다 작다는 사실로부터 여자가 지적으로 열등하다는 결론이 도출되었지요. 다윈이 주장한 자연선택설自然選擇說[*]도 동원되었습니다. 남자가 식량 전쟁, 거주지 전쟁 등 유한한 자원을 차지하기 위해 싸우는 과정에서 크고 고도화된 뇌를 발전시키는 동안 남자의 보호 아래 있었던 여자는 그럴 기회가 없었고, 이것이 양성 간의 차이를 만들어냈다는 것입니다. 따라서 지적 능력이 요구되는 직업에는 남자가 어울리고, 여자는 남자를 보조하는 역할에 머무르게 하는 것이 '자연스러운', 그래서 인위적으로 바꿀 필요가 없는 질서라고 믿었던 것이지요.

그렇다면 남자보다 더 뛰어난 지적 성취를 이룬 여자의 실례는 어떻게 반박되었을까요? "여자가 똑똑해지기 위해서는 여성성을 대가로 지불해야 한다"는 논리가 펼쳐졌습니다. 무슨 말일까요? 지속적인 에너지 소모가 요구되는 고도의 지적 학업이나 직무는 강인한 남성에게 별다른 영향을 미치지 않지만, 연약한 여성에게는 매우 치명적이어서 결국 출산 기능을 저하시킨다는 것입니다. 만약 어떤 여자가 지적으로 우월하다면, 그녀는 이미 출산 능력을 상실했거나 그 과정에 있는 것이므로 그 성취는 패배나 다름없는 '피로스의 승리Pyrrhic victory'로 폄하되는 것이지요. 전쟁에서 로마군을 격퇴하는 데는 성공했지만 그 과정에서 너무 많은 병

---

[*] 생물의 종(種)은 자연 선택의 결과, 환경에 적합한 방향으로 진화한다고 하는 학설로 찰스 다윈(1809~1882)이 『종의 기원』에서 주장했다.

사가 죽어버려 승리가 반복되면 전멸할 수밖에 없는 상황에 처한 에피루스의 왕 피로스[Pyrrhus]*의 의미 없는 승리 말입니다. 이런 관점은 자연스레 여성에 대한 배려로 이어질 수밖에 없었습니다. 고등교육과 같이 여성성을 해칠 수 있는 유해한 것들로부터 여성을 멀리 떨어뜨려 놓는 따뜻한 마음 씀씀이 말이지요. 그런데 이런 배려를 자전거 타는 여성들이 거부하기 시작했습니다.

유흥 도구에서 이동 수단으로

자전거가 한 사람에 의해 발명된 것이라고 본다면, 그 명예는 독일의 발명가 칼 드라이스[Karl Drais(1785~1851)]에게 돌아갈 것입니다. 그는 대학에서 수학과 물리학을 공부했지만 직업으로는 산림관리인을 택했던 특이한 이력의 소유자입니다. 그런 그에게 자전거 발명의 계기를 만들어준 것은 1815년 난데없이 터져버린 인도네시아의 탬보라[Tambora] 화산 폭발이었습니다.

역사상 가장 강력한 화산 폭발로 기록된 인도네시아의 자연재해는 인간이 사는 거의 모든 지역을 덮을 만큼 가공할 만한 화산재를 뿜어냈습니다. 하늘은 어두워졌고, 기온이 떨어졌고, 여름 서리가 날렸고, 곡식이 말라죽었습니다. 기근이 닥친 것이지요. 사람이 먹을 곡식도 아쉬운 판에 말을 먹일 수는 없습니다. 결과적으로 당시 거의 유일한 교통수단이었던 말의 수급이 불안해진 것입니다. 세상이 말을 대체할 수 있는 대안

---

* 피로스(BCE 319/318~BCE 272)는 헬레니즘 시대 그리스의 장군으로 후에 에피루스와 마케도니아를 다스리는 왕으로 군림했다. 로마의 큰 적수로 간주되었던 그는 '피로스 전쟁'에서 승리를 거둔다. 하지만 손실을 많이 입어 희생 비용이 엄청났던, 패배와 다름없는 승리였다. '피로스의 승리'라는 말은 이때 나온 것으로 흔히 '상처뿐인 승리'라는 의미로 사용된다.

을 요구했을 때, 열정적인 발명가 칼 드라이스가 내놓은 답이 바로 자전거입니다. 잠을 자지도 않고, 병 치레가 없으며, 무엇보다 아무것도 먹지 않아도 되는 자전거의 등장을 목도한 사람들은 큰 고민 없이 결론을 내렸습니다. 도무지 아무짝에도 쓸모없는 물건이라고.

자전거가 발명된 1817년의 기술 수준을 감안하면 자전거에 교통수단으로서의 실용성을 기대하기는 어려웠습니다. 지금의 자전거와 비교해서 가장 큰 차이는 페달이 없었다는 점입니다. 자전거를 타더라도 양발로 걸어야만 앞으로 나갈 수 있었지요. 30킬로그램에 육박하는 무게 또한 상당한 걸림돌이었습니다. 현재 생산되는 자전거 중에는 5킬로그램 미만인 것들도 있으니, 여섯 배나 더 무거웠던 겁니다. 약간이라도 오르막을 만나면 타는 것보다 등에 짊어지는 쪽이

드라이스 자전거 특허 명세서(1817)

드라이스의 나무 자전거 복제품(독일 자전거 박물관)

더 빨랐습니다. "그래도 바퀴가 달려 있으니 내리막에선 제 기능을 발휘할 수 있지 않았을까?"라고 생각하기 쉽지만, 안타깝게도 나무로 만들어진 바퀴엔 접지력接地力*이 아예 없었습니다. 모래나 자갈이 깔린 내리

---

* 자동차, 트랙터 따위의 바퀴가 헛돌지 않고 운동할 수 있는 능력을 뜻한다.

막 도로에서 중력의 도움으로 조금이라도 속력이 붙을라치면 바퀴는 제멋대로 미끄러져 탑승자를 도랑에 처박기 일쑤였지요. 교통수단이라기보다는 일종의 유흥으로서 가치가 있었던 겁니다. 그런 이유로 프랑스와 영국에서는 부잣집 도련님들이 말 타는 일과는 별개로 누가 더 용감한지를 내리막길에서 자전거 타기로 겨루었습니다. 자전거가 '취미 말Hobby horse', 혹은 '도련님 말Dandy horse'로 불리던 시절이었지요.

　유럽의 기술자들은 자전거를 의미 있는 교통수단으로 만들기 위해 노력했습니다. 누군가 새로운 바퀴를 개발하면, 누군가는 무게를 줄이는 식으로 조금씩 개선이 이루어졌습니다. 페달을 앞바퀴에 부착한 것이나 고무 타이어를 적용한 아이디어 등은 자전거를 개량하는 데 공헌한 바가 큽니다. 수없이 다양한 모양의 자전거가 개발되던 중 1870년대 등장한 페니-파딩Penny-farthing은 속도를 향한 열망의 결과였습니다.

페니-파딩

영국의 동전 페니와 파딩

　페달이 앞바퀴를 구동하는 경우, 앞바퀴의 크기는 곧 속력입니다. 앞바퀴를 경쟁적으로 키우다 보니 양 바퀴의 비대칭은 점점 더 심해졌고, 그 모습에서 착안하여 이 귀여운 이름 페니-파딩이 탄생하게 되었습니다. 영국의 동전인 페니와 파딩은 페니 쪽이 더 큽니다. 큰 동전을 앞에, 작은 동전을 뒤에 놓은 모

룩셈부르크에서 열린 자전거 공개 시연(1818)

자신이 발명한 자전거를 타고 있는 드라이스(1819)

안전 자전거 광고(1887)

공원에서 벌금형을 받은 페니-파딩(《New York Illustrated Times》, 1897)

습과 똑같은 자전거의 이름으로 제격이었지요. 우리말로 바꿔보면 '오백원-백 원'쯤일 것입니다.

페니 파딩의 시기까지 여자들이 자전거를 타는 일은 흔치 않았습니다. 너무 위험했기 때문입니다. 왼쪽(하/우) 만평에서 보듯, 무게 중심이 앞에 쏠려 있는 데다가 너무 높습니다. 어디에 부딪히기라도 하면 탑승자는 한참을 날아가 떨어졌고, 실제로 목이 부러져 죽는 일이 비일비재했습니다. 게다가 보행자에게도 큰 위협이었지요.

그러다 1880년대 드디어 현대의 자전거와 거의 흡사한 세이프티^{Safety} 자전거가 등장했습니다. 페달과 체인, 그리고 제대로 작동하는 브레이크를 갖춘 것은 물론 앞뒤 바퀴의 크기가 같아진, 그래서 무게중심이 내려온 안전한 자전거였습니다. 아이든 노인이든, 개인용 이동수단이 모두에게 허락된 것입니다. 단, 남자에게만!

블루머스 입고, 자전거 타고

1800년대 후반 여성들의 엉덩이에 버슬이 달려 있었다는 사실을 상기해 보면 여성복과 자전거가 전혀 어울리지 않는다는 것을 금방 이해할 수 있습니다. 물론 버슬을 잠깐 뺄 수는 있겠지만 치마는 여전히 자전거와 어울리지 않습니다. 품위 있는 넓은 치마를 입었더라도 말은 탈 수 있습니다. 다음 그림처럼 상상할 수 있는 가장 위험한 방법으로 말 위에 올라앉아야 한다는 것이 조금 꺼려지지만 목숨이 무슨 대수인가요. 안전한 것보다 여자다운 것이 더 중요한 세상도 있는 법이니까요. 그런데 자전거는 말과 달라서 목숨을 걸더라도 한쪽으로 비스듬히 앉아서는 앞으로

아슬아슬한 자세로 말에 올라 탄 여인

버슬을 착용한 여인들

나갈 수가 없습니다. 결국 해결책은 바지밖에 없습니다. 남자의 옷인 바지를 입고, 양다리를 쫙 벌리고, 음부를 안장에 맞대고, 숨을 벌떡거려야만 자전거라는 개인용 이동수단을 이용할 수 있었습니다.

농담처럼 들리겠지만 많은 사람들은 이 모습을 자위하는 것으로 여겼습니다. 이것이 가벼운 조롱이 아니었다는 것은 여성 전용 안장이 활발히 개발되었다는 사실을 통해 알 수 있습니다. 음부 쪽을 텅 비게 만든 안장을 개발해 '위생 안장Hygienic saddles'이라는 이름으로 판매하면서 성적 흥분을 방지할 수 있다고 광고했습니다. 이와 같은 견해는 여성용 자전거의 공학적 디자인에도 영향을 미쳤습니다. 남자의 자전거는 핸들이 점점 더 낮아지는 쪽으로 개선되었습니다. 앞으로 숙여야 속도가 빨라질 수 있기 때문입니다. 반면 여성용 자전거의 핸들은 점점 더 높아졌습니다. 앞으로 숙이면서 더 강렬하게 자극될 음부를 걱정한 것입니다. 또 한

편에서는 자전거 타기가 여성들의 건강에 해롭다는 주장이 봇물처럼 터져 나왔습니다. 남성과 공통적으로 가지고 있는 장기에 대한 걱정은 별로 없었습니다. 자전거를 타면 "자궁에 충격을 줘서 생리할 때 훨씬 더 아프다"라든지 "난소의 건강에 위험하다"라는 식으로 여성만 가지고 있는 장기에 치명적이라는 것을 수 없이 강조했습니다. 처녀막 파열에 대한 과도한 집착, 끈질긴 걱정은 따로 논할 필요조차 없습니다. 참 이상한 일이지요? 하루에 열 몇 시간씩, 자전거 타기와는 비교도 할 수 없는 고된 노동에 시달렸던 공장 여인들의 자궁에는 관심도 없던 사람들이었으니까 말입니다.

여성용 안장 광고.
앉아 있을 때 편안할뿐더러 '우아한 자세'를 유지하게 해준다고 홍보하고 있다. 여성의 신체 내부를 찍은 이미지 아래 '민감한 신체 부위에 가해지는 압박을 완화해 준다'는 문구가 인상적이다.

그럼에도 불구하고 자전거를 타기 시작한 젊은 여자들은 발목을 드러내는 바지인 블루머스^{Bloomers}를 입고 원하는 곳을 향해 달리기 시작했습니다. 집 혹은 아무리 넓게 잡아도 소소한 이웃과의 담소를 위해 드나드는 이웃집 정도가 여자의 활동 반경이어야 한다고 믿는 사람들은 이해할 수 없었겠지만, 자전거를 탄 여자들은 학교에 가서 공부하기를 원했고, 여성의 투표권을 요구하는 집회에 나가 발언하기를 원했으며, 남자에게만 허락된 자유에 대해서 그것이 과연 정당한지 의구심을 품기 시작했습니다. 그리고 사람들은 이런 여자들을 이전까지 본 적 없는 전혀 새로운 종류의 여성이라고 생각해 '신여성^{New women}'이라고 부르기 시작했습니다. 케임브리지에 교수된 여자 인형은, 민망하게도 남자의 바지를 입고, 여성 건강에 위험한 자전거를 타고 등교해서, 감히 남자들과 동등한 공식 학위를 요구하는 신여성이었던 것입니다. 이것으로 "교수형 당한 인형이 왜 자전거를 타고 있을까?"라고 물었던 두 번째 의문도 해결된 것 같습니다.

수없이 많은 여인들의 용감한 선택

이미 많은 사람들이 알고 있는 상식이지만 앞에서 본 인형이 입고 있는 바지는 블루머스이고, 이 이름은 아멜리아 블루머^{Amelia Bloomer, 1818~1894}라는 이름을 가진 여권 운동가에게서 빌려온 것입니다. 그녀가 〈더 릴리^{The Lily}〉, 즉 '백합'이라는 최초의 여성신문 발행인으로 일할 때, 이 바지를 여성들에게 적극 권장했습니다. 그런 이유로 블루머스라고 알려진 것이지요.

그런데 이 사실이 여성의 패션을 합리적으로 바꾸는 일에 기여한 그

블루머스를 입은 블루머.
《릴리》에 실린 그림이다.

녀의 공을 과대 포장하는 데 쓰이기도 합니다. 물론 그 공이 적지는 않았을 테지만 그녀는 블루머스의 디자인을 개발하지도 않았고, 한때 열심이던 보급 운동도 어느 순간 중단했습니다. 그러니 여성들이 바지를 입게 된 것이 모두 그녀의 공이라고 할 수는 없을 것입니다. 오히려, 집 밖에 나가는 것조차 탐탁지 않게 여겼던 완고한 아버지와 버슬과 치마 벗는 것을 경악해 하던 구시대 어머니의 반대를 무릅썼던 수많은 여성들의 용기가 더 크게 공헌한 건 아니었을까 생각하게 됩니다.

마지막으로 중요한 정보 하나. 그렇다면 길튼은 언제 케임브리지의 정식 칼리지로 언정되었을까요? 1897년, 대학평의회에 의해 거부된 건 말할 필요도 없습니다. 1921년 똑같은 안건이 표결에 붙여졌지만 또 부결되었습니다. 반대의 이유 중 추가된 한 가지는 전쟁이었습니다. 남자들이 제1차 세계대전에 나가 목숨을 걸고 나라를 위해 싸울 동안 여자들은 편안하게 공부만 했으니 그 학위를 인정할 수 없다는 것이었습니다. 드디어 1947년의 세 번째 표결, 그러니까 여자 인형의 교수형 이후 50년이 지나고 나서야 길튼은 정식 칼리지가 될 수 있었습니다.

'블루머리즘-미국 관습'이란 타이틀로 소개된 영국 잡지 《펀치》의 삽화. 무릎까지 내려오는 스커트에 블루머스를 받쳐 입은 획기적인 옷차림에 담배까지 입에 문 두 미국 여성이 런던 거리를 활보하고 있다(1851).

Gertrude. "MY DEAR JESSIE, WHAT ON EARTH IS THAT BICYCLE SUIT FOR!"
Jessie. "WHY, TO WEAR, OF COURSE." Gertrude. "BUT YOU HAVEN'T GOT A BICYCLE!"
Jessie. "NO; BUT I'VE GOT A SEWING MACHINE!"

"자전거도 없으면서 왜 그런 옷을 입었나?"고 오른쪽 여성(게르트루드)이 묻자 왼쪽 여성(제시)이 "자전거(러닝머신)는 없지만 재봉틀(소잉머신)은 가지고 있지"라고 당당하게 대꾸한다. '드라이스 자전거'를 만들었던 독일의 칼 드라이스가 자신의 발명품을 '라우펜머신(달리기머신)'이라 부른 것을 당시 여성들의 필수품이었던 재봉틀(소잉머신)에 비교하면서 재치 있게 응답하는 장면이다.

연결고리_ **수영복과 수학시험**

어떤 옷을 입느냐에 따라 자기효능감[self-efficacy]이 달라질 수 있습니다. 무언가 더 많은 것을 성취할 수 있을 거라는 일종의 자기평가 말입니다. 블루머스와 자전거 덕분에 행동의 자유와 넓은 활동 반경을 갖게 된 여성들도 한층 고무된 자기효능감을 느꼈을 겁니다. 그렇다면 효능감을 넘어 어떤 옷을 입느냐가 실제로 인간의 능력을 결정할 수도 있을까요?

아주 재미있는 실험을 통해 남녀를 비교한 일이 있습니다. 남자 대학생 40명과 여자 대학생 42명을 대상으로 옷과 수학문제 풀기 능력과의 상관관계를 살펴본 것입니다. 우선 한 명씩 전신 거울이 달린 탈의실 안으로 입장합니다. 그곳에는 수영복이 사이즈 별로 걸려 있습니다. 남학생에겐 S, M, L, XL 네 가지 사이즈가, 여학생에겐 4, 6, 8, 10, 12, 14 여섯 가지 사이즈가 제공되었습니다. 어떤 사이즈의 옷을 골랐는지 연구진에게 알려준 뒤 수영복을 입습니다. 그 상태에서 실험 전에 전혀 예고되지 않았던 수학시험을 15분간 치렀습니다. 비교 대상이었던 절반의 학생은 편안한 스웨트셔츠를 입고 수학문제를 풀었습니다.

결과는? 수영복을 입은 여학생은 스웨트셔츠를 입은 여학생보다 시험점수가 현저히 낮았습니다. 수영복을 입은 남학생은 오히려 스웨트셔츠를 입은 남학생보다 시험점수가 약간 높았습니다(실험 참여자는 무작위로 각 실험집단에 배정되었고 분석에 있어서도 각 개인의 과거 수학성적이 반영되었습니다. 여학생의 경우, 두 집단 간의 수학점수 차이는 통계적으로 유의미했습니다. 남학생의 경우, "옷을 덜 입었을 때 수학점수가 높아지는 '경향[Trend]'을 보였다"라고 연구자들이 설명하기는 했으나 두 집단 간의 수학점수 차이가 통계

* Fredrickson, L., Roberts, T., Noll, M. S., Quinn, M. D., & Twenge, M. J. (1988). *That swimsuit becomes you: Sex differences in self-objectification restrained eating, and math performance.* Journal of Personality and Social Psychology, 75(1). 269~284.

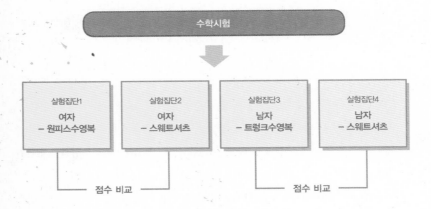

적으로 유의미한 수준까지는 아니었습니다).

연구자들은 이 결과를 어떻게 해석했을까요? 아마도 많은 사람들이 예상할 수 있을 것입니다. "사회가 여성에게 외모와 몸매에 대한 너무 과도한 기준을 제시하고 있고, 이에 대한 압력을 너무 많이 받아온 여성은 자기도 모르는 사이에 자기의 몸을 성적 대상화하고 있다. 몸매가 훤히 드러나는 수영복을 입었을 때—비록 누가 쳐다본다고 하지 않더라도— 이미 내재화된 기준에 못 미치는 자기의 몸을 부끄러운 것으로 여기게 된다. 이런 상황에서 여성의 능력(수학실력)은 제대로 발휘될 수 없다. 성적 대상화, 즉 인간을 인격체로 보지 않고 성적 욕구를 위한 도구로 보는 사회 풍조 때문에 특별히 여성이 더 많은 피해를 입고 있다"라는 것이지요. 의미 있는 해석입니다. 다만 너무 거시적으로만 바라보다 보니 디테일을 놓친 것은 아닌지 생각해봐야 할 필요는 있을 것 같습니다.

첫 번째, 남자에게는 트렁크수영복이 지급되었던 반면 여자에게는 원피스수영복이 지급되었습니다. 헐렁한 트렁크수영복과 몸에 쫙 달라붙는 원피스수영복 중 어떤 것이 더 편안할까요? 두 번째, 별다른 설명이 없었으니 수영복은 네 벌, 여섯 벌이 전부였던 것으로 보입니다. 각 개인이 새 수영복을 착용하는 것이 아니라 어쩔 수 없이 남이 입었던 수영복을 걸칠 수밖에 없는 상황이었다는 뜻입니다. 트렁크수영복은 피부에 닿는 면적이 크지 않은 반면 원피스수영복은 상체와 하체 중요 부위에 모두 밀착됩니다. 어느 쪽이 더 찜찜함을 느낄까요? 세 번째, 남자는 네 개 중 하나, 즉 대충의 사이즈를, 여자는 여섯 개 중에 하나, 더 구체적인 사이즈를 연구진에게 공개해야 했습니다. 누가 더 꺼려했을까요? 가장 집중하기 어려운 상황을 만들어놓고 수학시험을 치르게 하면 누구라도 잘할 수 없습니다.

우리 사회에서 여성의 몸을 성적 상품화하는 일은 남성과 비교했을 때 현저히 더 많이 일어납니다. 이것은 여성을 능력이 아니라 외모로 평가하는 일과도 연관됩니다. 앞서 언급한 바와 같이 외모 차별의 결과로 이어질 수도 있습니다. 이력서에 사진 붙이는 일부터 시작해서, 개선해야 할 것이 너무 많습니다. 끊임없이 논의해야 할 문제입니다. 하지만 논리적이지 않은 연구나 주장에 기대어 그 폐해를 과장해서는 안 됩니다. 그것은 오히려 논의를 방해할 뿐이니까요.

미국 패션의 획일성

뉴욕만에 서 있는 자유의 여신상 기단의 동판에는 이민자를 환영하는 다음의 시가 새겨져 있습니다.

"…구세계여, 화려한 자들은 네가 계속 거두되" 그녀(자유의 여신)가 침묵의 입술로 외치노라. "지치고 가난한, 자유 속에 숨쉬기 갈망하는 거대한 인파는 나에게 보내거라. 그 만원滿員의 물가에 처참히 버려진 자들을, 폭풍우에 시달리고 갈 곳 없는 자들을 내게로. 나 황금의 문 옆에서 나의 등불을 들어 올릴지니."

옛날의 로마가 그랬듯, 현대의 미국도 다양성을 바탕으로 성장했음을 이 시가 상징적으로 보여주고 있습니다. 그런데 정작 미국의 패션에서는 기대한 만큼의 다양성을 찾아보기 어렵습니다.

아메리카 원주민의 옷

빙하기는 춥습니다. 추우면 얼음이 많아집니다. 얼음이 많아지면 바다 수위는 낮아집니다. 가장 최근 이 현상이 정점에 달했을 때를 '마지막 최대 빙하기Last Glacial Maximum'라고 부릅니다.

베링해Bering Sea를 사이에 두고, 서로 마주 보고 있는 아시아 대륙의 동쪽 끝단과 아메리카 대륙의 서쪽 끝단은 매우 가깝습니다. 직선거리로 80킬로미터 남짓이니까 부산에서 제주(271킬로미터)보다 몇 배 더 가까운 겁니다. 마지막 최대 빙하기, 베링해의 수위가 낮아지자 아시아와 아메리카를 연결하던 땅이 드러났습니다. 그리고 아시아에 있던 사람들이 아메리카 대륙으로 걸어 들어가 아메리카 원주민이 되었습니다. 약 2만 년 전후의 일입니다.

토양은 비옥하고, 날씨는 쾌적하고, 힘들여 키우지 않았는데도 소보다 맛좋은 버팔로Buffalo*가 지천으로 돌아다니는 땅이라니! 이보다 더 좋을 수는 없습니다. 제아무리 덩치가 크고 빨리 뛴다고 해도, 동물 사냥하는 것쯤은 좋은 머리를 가진 인간에게 별로 힘든 일이 아닙니다. 필요할 때마다 사슴을, 순록을, 버팔로를 잡아서 먹고, 그 가죽으로 옷을 지어 입었는데, 사슴가죽이 단연 부드러워서 가장 많이 사용되었습니다.**

다른 나라 사람들과 마찬가지로, 아메리카 원주민들 역시 로인클로스를 기본형 의복으로 입었는데 허리보다는 엉덩이를 강조해서 브리치클로스Breechcloth라고 불렀습니다. 브리치Breech는 '엉덩이'라는 뜻입니다. 브리치클로스와 이집트식

브리치클로스

---

* 아시아와 아프리카에 서식하는 야생소이다. 북아메리카에 서식하는 야생소를 지칭할 때, 생물학적으로는 바이슨(Bison)이 정확한 명칭이지만, 북아메리카에서 바이슨을 버팔로로 잘못 부른 것이 벌써 수백 년이기에, 그렇게 부른다 해도 문화적인 측면에서 보면 틀린 것이 아니다.

** 물론 이것은 북아메리카에 터를 잡은 원주민에 대한 일반적인 설명이다. 남아메리카의 원주민은 날이 습하고 덥기 때문에 가죽을 잘 입지 않았다.

아메리카 원주민이 입었던 브리치클로스 　　　　　　　　　　　　　　브리치클로스를 입은 모하브족

의 로인클로스 사이의 가장 큰 차이점은 그 소재에 있습니다. 리넨이 아
니라 사슴가죽으로 만들었으니까요. 입는 방식도 약간 다릅니다. 긴 천
을 둘둘 두르는 것이 아니라, 옆의 그림처럼 허리띠를 이용해 고정했습
니다. 형태적으로는 현대의 팬티와 거의 유사하지만 장방형으로 긴 사슴
가죽을 이용한 덕분에 앞뒤 양쪽으로 길게 늘어진 장식 효과를 거둘 수
있었습니다. 남녀 공통으로 입는 기본 의복이었는데, 남자의 경우 이것이
겉옷이었고, 여자에겐 속옷이었습니다.

　다리에는 역시 사슴가죽으로 만든 레깅스를 입었습니다. 수사슴 가죽
을 이용해 기다란 원통을 두 개 만들고, 이것을 양다리에 하나씩 끼운 다
음에 흘러내리지 않도록 브리치클로스를 고정하는 벨트에 묶습니다. 그러
면 다음 그림과 같은 하의가 완성됩니다. 레깅스는 남녀 모두 입었습니다.

　웃옷도 주로 사슴가죽으로 만들었는데 형태는 티셔츠나 튜닉처럼 단
순했습니다. 짧은 것은 남자가, 긴 것은 여자가 입었습니다. 남자의 경우
웃옷이 짧으니 레깅스를 길게 입었고, 여자의 경우 웃옷이 원피스처럼

사슴가죽으로 만든 레깅스

프린지가 달린 단순한 형태의 상의

길기 때문에 레깅스가 짧았습니다. 가죽을 길고 가늘게 찢은 장식을 프린지Fringe라고 하는데, 아메리카 원주민의 옷에서 흔하게 볼 수 있습니다. 동물의 털, 코튼, 뽕나무 껍질, 가문비나무 뿌리 등을 이용해 직조하기도 했지만, 옷의 주재료는 여전히 동물 가죽이었고, 직조한 천은 부수적으로만 사용되었습니다. 이렇게 소박하게 수천 년간 이어져온 아메리카 원주민의 전통 패션은 유럽 백인들이 아메리카 대륙에 정착하기 시작한 이후 일상복으로서의 맥이 끊겼습니다.

정복자들과 함께 상륙한 유럽 패션

유럽 백인들은 배를 타고 아메리카 대륙에 도착했습니다. 약 1000년경, 한 무리의 바이킹이 캐나다로 와서 건물도 짓고 한동안 살기도 했습니다. 1492년 이탈리아 제노바 출신 콜럼버스가 바하마제도에 잠깐 들렀다가 항해를 후원해주었던 스페인으로 돌아갔고, 1493년 콜럼버스가 다시 왔다 돌아갔고, 1498년 콜럼버스가 다시 왔다 돌아갔고, 1502년 콜럼버스가 마지막으로 왔다가 스페인에 돌아가서 4년 후에 사망합니다. 그간 바하마제도를 중심으로 중앙아메리카, 남아메리카, 쿠바, 자메이카 등 많은 곳을 돌아다녔지만 콜럼버스는 자신이 발견한 땅이 아시아의 일부분인 것으로 생각했습니다. 콜럼버스의 세 번째 항해 바로 다음해, 그러니까 1499년, 이탈리아 피렌체 출신 아메리고 베스푸치가 남아메리카에 와서 아마존강을 탐험하고 스페인으로 돌아갔습니다. 그러고는 콜럼버스와 마찬가지로 아시아를 탐험하고 왔다고 생각했지요. 1501년, 아메리고 베스푸치는 다시 남아메리카를 광범위하게 탐험하다가 이 큰 대륙이 아시아가 아니란 것을 알아챘습니다. 어렸을 때부터 지도 제작과 항해술에 남다른 관심을 가졌던 덕분이었습니다. 그는 신대륙을 발견했다는 사실과 함께 자신의 모험담을 편지에 적어 메디치가를 포함해 몇몇 지인들에게 보냈고, 이것이 책으로 출판되어 인기를 끌게 됩니다. 이 소식을 접한 독일의 지도 제작자 마르틴 발트제뮐러Martin Waldseemüller는 신대륙을 포함한 새로운 지도를 제작해 1507년 발표합니다. 지도의 제목은 '프톨레마이오스의 전통과 아메리고 베스푸치 및 다른 이들의 탐험에 근거한 세계전도'였습니다.

물론 그 신대륙은 아메리고 베스푸치의 이름을 따서 '아메리카'라고 이름 지었고, 그렇게 이 대륙의 이름은 확정됩니다. 만약 마르틴 발트제뮐러가 그의 지도에 다른 이름을 적었다면 어떻게 되었을까요? 매일 마시

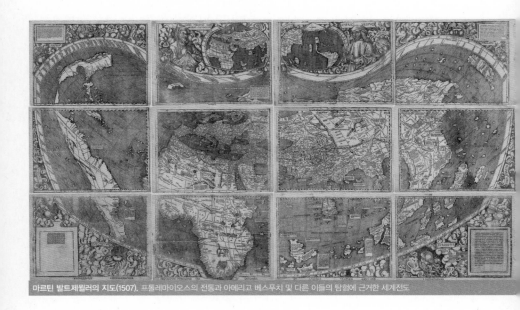

마르틴 발트제뮐러의 지도(1507), 프톨레마이오스의 전통과 아메리고 베스푸치 및 다른 이들의 탐험에 근거한 세계전도

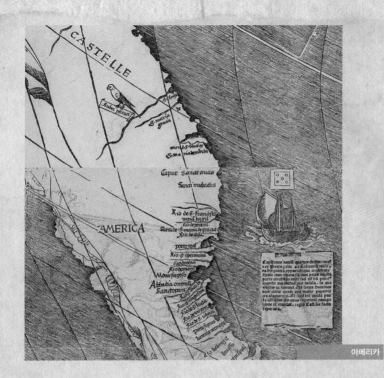

아메리카

1500년 4월, 브라질에 상륙한 포르투갈 사람들(오스카 페레이라 다 실바 작)

1620년 필그림의 상륙(미셸 펠리스 코르네 작, 1805)

1660년 캐나다 인디언 거주지에 도착한 라디송(찰스 윌리엄 제프리 작)

는 커피 '아메리카노'부터 방패영웅 '캡틴 아메리카'까지, 수없이 많은 것들의 이름이 달라졌을 겁니다.

탐험가들과 지도 제작자 등의 노력에 힘입어 태초부터 거기 있었던 땅은 '새로운 땅'으로 온 유럽에 소개되었고, '새로운 땅'을 '비어 있는 땅'으로 알아들은 모두는 각자가 가진 욕망의 실현 가능성을 타진해보기 시작합니다. 그 후, 북아메리카는 주로 프랑스와 영국에 의해, 남아메리카는 주로 스페인과 포르투갈에 의해 야금야금 정복되지요. 아메리카 원주민들은 이런 난데없는 천지개벽이 달갑지 않았습니다. 하지만 제아무리 활을 쏘고 도끼를 던진다 해도, 그들을 제압하는 것쯤은 대포 쏘는 사람에게 별로 힘든 일이 아니었습니다. 필요한 것 이상의 땅과 목숨과 동물을 빼앗았고, 결국은 거의 전부를 차지했지요. 유럽에서 온 정복자들의 패션은 당연히 유럽 패션을 따랐습니다.

화물칸에 실려 온 흑인의 패션

아프리카 사람들은 아메리카에 제 발로 찾아오지 않았습니다. 모두가 알고 있는 것처럼 쇠사슬에 묶인 상태로 화물칸에 실려 왔습니다. 새롭게 개발되기 시작한 광활한 아메리카. 값싼 노동력에 대한 수요는 점차 증가했고, 주로 포르투갈, 네덜란드, 영국, 프랑스 출신의 상인들이 그 수요를 충족시키기 위해 아프리카를 분주하게 드나들었습니다.

아프리카 사람들의 포획과 수송 과정을 간략하게 살펴보겠습니다. 우선 아프리카 중에서도 가까운 곳이어야 수송비용을 절약할 수 있습니다. 다음 지도는 아프리카 사람들이 어디에서 어디로 수송되었는지를 보여줍니다.

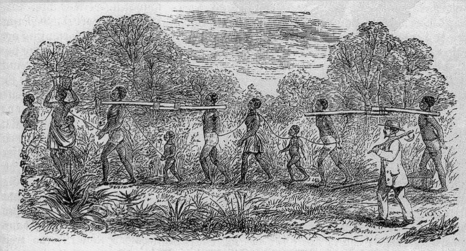

Sig. 226. Sklaventransport in Afrika.

노예로서 신대륙으로 끌려가는 아프리카 흑인들

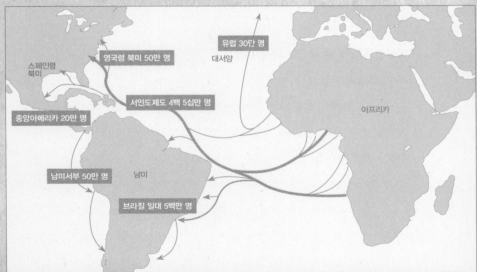

유럽 30만 명

영국령 북미 50만 명

대서양

스페인령
북미

서인도제도 4백 5십만 명

아프리카

중앙아메리카 20만 명

남미서부 50만 명

남미

브라질 일대 5백만 명

노예 무역 항로 : 1650년에서 1860년 사이, 약 천만에서 천 오백만 명 정도의 서아프리카인이 노예가 되어 해외로 이송되었다. 그들 중 대부분은 중앙아메리카 및 남아메리카로 수송되었고 일부는 북아메리카와 유럽으로 갔다.

18세기의 노예선(1741년)

　만약 동아프리카에서 사람을 납치한다면 아프리카의 최남단을 지나 먼 길을 항해해야 하기 때문에 비용이 상승합니다. 따라서 서아프리카에 사는 사람들이 주로 잡혀 갔습니다. 초창기의 상인들은 아프리카 사람들을 직접 납치했는데 위험 부담이 너무 커서 이내 그만두었습니다. 이후로는 그 지역의 왕이나 족장과 결탁해 그들이 잡아온 사람을 싼 값에 사들여서 쇠사슬을 채웠습니다. 이 순간부터 아프리카 사람은 흑인 노예로 취급됩니다.

　흑인 노예는 배의 선창 밑 공간에 수용되었습니다. 아주 좁게 수용될 때는 한 사람당 허용된 공간이 0.58제곱미터 정도였습니다. 어느 정도인지 감을 잡기가 어려우니 아파트와 비교해보겠습니다. 30평형 아파트의 넓이는 99.17제곱미터입니다. 이것을 0.58로 나누면 170.98입니다. 즉, 30평

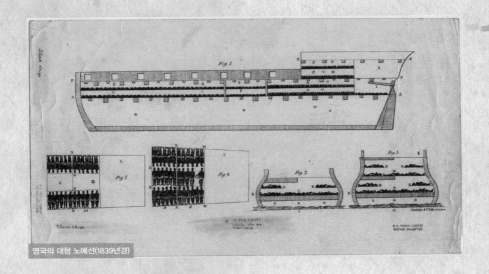

영국의 대형 노예선(1839년경)

독일 화가 요한 모리츠 루겐다스의 그림(1830년경).
브라질로 가는 노예선의 선실 모습이다. 루겐다스는 이 참상의 목격자이기도 하다.

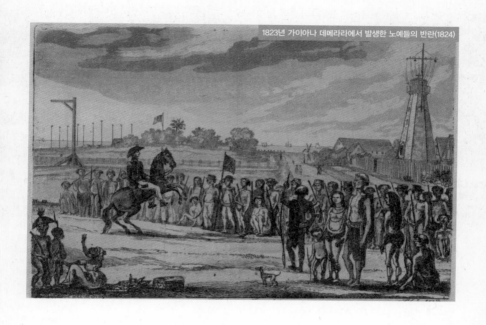
1823년 가이아나 데메라라에서 발생한 노예들의 반란(1824)

아파트 정도의 공간에 약 171명이 빽빽하게 앉아 있었던 겁니다.

식사는 하루 두 번 말 사료용으로 쓰이는 잠두(콩)와 쌀 등을 먹었습니다. 갑판으로 올라와 감시를 받으며 먹기도 했고, 묶여 있는 상태에서 선원들이 퍼주는 것을 입으로 받아먹기도 했습니다. 배변은 배변통을 이용했는데 파도가 험하거나 실수로 건드리면 엎어지는 경우가 많아 악취의 원인이 되었습니다. 배변통을 이용하기 어려운 상황에서는 앉은 자리에서, 혹은 누운 상태에서 배변해야 하는 경우도 있었습니다. 이런 비위생적인 환경 때문에 설사를 계속하게 되는 이질, 피부에 고름물집이 생기는 천연두, 출혈을 야기하는 괴혈병 등의 전염병에 감염되는 사례가 많았습니다.

흑인 노예가 선원에게 저항하는 방법은 크게 두 가지였습니다. 첫 번

Death of Capt. Ferrer, the Captain of the Amistad, July, 18

Don Jose Ruiz and Don Pedro Montez, of the Island of Cuba, having purchased fifty-three slaves at Havana, recently imported from Afric
on board the Amistad, Capt. Ferrer, in order to transport them to Principe, another port on the Island of Cuba. After being out from Ha
our days, the African captives on board, in order to obtain their freedom, and return to Africa, armed themselves with cane knives, and ros
Captain and crew of the vessel. Capt. Ferrer and the cook of the vessel were killed; two of the crew escaped; Ruiz and Montez were mad

째는 선상 반란입니다. 선원들을 죽이고 배를 차지하는 것
입니다. 하지만 선원들은 총을 가지고 있었고, 남자들에게
는 족쇄와 수갑을 철저히 채웠기 때문에 기회를 잡기가 어
려웠을 뿐만 아니라 성공할 확률도 낮았습니다. 두 번째는
자살입니다. 바다에 뛰어들어 익사하거나 음식을 거부해
굶어 죽는 방법이 가장 흔했습니다. 익사의 경우, 어쩔 수
없는 손실로 받아들였지만, 굶어 죽으려고 하는 노예의 경
우, 밥만 먹이면 상품으로 팔 수 있었기 때문에 여러 가지
방법을 동원해 억지로 먹였습니다. 렌치와 같은 기구로 입

을 벌리는가 하면, 불타는 석탄을 입술에 대거나 납을 녹여 붓기도 했습
니다. 물론 가장 간단한 방법은 밥을 먹을 때까지 채찍으로 때리는 것이
었습니다. 일부 노예는 자신이 죽으면 영혼이라도 고향에 돌아갈 수 있
을 거라 믿었기 때문에 자살을 두려워하지 않았습니다. 이런 생각이 노
예들 사이에 만연해지는 것을 방지하기 위해서 선원들은 죽은 노예의

1839년에 일어난 아미스타드
선상 반란(La Amistad ship
rebellion)을 묘사한 그림. 아
미스타드 선상 반란은 1839년
쿠바 아바나에서 쿠바의 푸
에르토프린시페(현재의 카마
궤이)로 이동하던 노예 수송
선 아미스타드 호에서 일어났
던 노예들의 점거 농성을 말
한다. 1839년 7월, 아프리카계
노예들이 아미스타드 호를 점
거하고 표류하던 중 미 군함
에 나포되었다. 미국 연방대법
원은 이 아프리카인들이 불법
적으로 이동되었으므로 자유
의 몸이 되어야 한다고 판결
했다. 그 후 아미스타드 호는
노예제 폐지 운동의 상징이
되었다.

Marchand d'Esclaves de Gorée

고레 섬의 노예상(자크 그라세 생 소베르 작, 18세기경)

영국 식민지 안티과 섬의 사탕수수 농장에서 일하는 노예들(1823)

목 자르는 것을 보여주고, 만약 자살을 하면 머리 없이 고향에 가게 될 거라고 경고했습니다. 이상은 주로 남자 노예에 관한 설명입니다. 대부분의 여자 노예는 쇠사슬을 차지 않는 등, 남자 노예보다 조금 더 나은 대우를 받았습니다. 일부의 여자 노예는 선원의 일을 돕기도 했습니다. 또 일부의 여자 노예는 선원들과 함께 술자리를 가졌고, 파티 음식을 먹었으며, 빈번하게 강간당했습니다.

항해 기간은 평균 한 달 반에서 두 달가량이었는데 바다 날씨가 험악할 경우 석 달이 넘을 때도 있었습니다. 평균 15퍼센트에서 20퍼센트 가량의 노예는 중간에 사망했습니다. 나머지 살아남은 인원은 아메리카에 도착하기 며칠 전부터 이전보다 훨씬 좋은 대우를 받았습니다. 밥을 충분히 먹을 수 있었고, 운동도 할 수 있었고, 의사 진찰도 받았습니다. 의

SLAVE-BRANDING.

노예에게 낙인을 찍는 모습(1853)

노예를 사기 위해 건강상태를 점검하는 모습(1854)

INSPECTION AND SALE OF A NEGRO.

사는 상처를 가릴 수 있도록 화장품을 발라주기도 했고 야자수 오일을 이용해 검은 피부가 반짝이게 해주었습니다.

도착 이후부터는 누구나 아는 익숙한 수순이 진행됩니다. 경매를 통해 유럽 노예 상인에게서 아메리카 백인 주인에게 팔린 다음 대규모 농장에서 일하는 것이지요. 그 과정을 생생하게 보여주는 소설 중 하나가 알렉스 헤일리 원작의 『뿌리*Roots: The Saga of an American Family*』입니다. 만딩카족의 열일곱 살 소년 '쿤타킨테'가 아프리카 감비아에서 납치되고, 배로 수송되어서, 미국 버지니아 농장에 팔려간 다음 고통스러운 노예의 삶을 살게 되지요. 그 와중 자손을 낳게 되고, 그 자손이 이어지고, 결국 소설의 저자 자신까지 혈통이 이어져 내려왔다는 내용입니다. 그래서 제목이 '뿌리'입니다. 1970년대에 드라마로 제작되었고, 최근에 리메이크되어 우리나라에도 소개된 바 있습니다.

드라마나 영화에서 볼 수 있듯이 흑인 노예의 경우, 주인이 지급해주는 옷을 걸쳐야 했으므로 백인 주인과 마찬가지로 유럽 패션을 입었습니다.

버팔로 백화점

아메리카 원주민에게 버팔로는 아낌없이 주는 나무였습니다. 물론 그 순하고 덩치 큰 동물은 달리 생각했겠지만, 알뜰하게 모든 부위를 사용할 수 있었으니, 인간 입장에서 평가했을 때 그랬다는 뜻입니다. 어떻게 잡고 어떻게 이용했는지 살펴보겠습니다.

먼저 사냥법입니다.

- 활이 닿는 거리까지 은밀히 접근하기
- 튼튼한 우리를 지어놓고 그곳으로 몰고 가기
- 절벽으로 계속 몰아가서 결국 뛰어내리게 하기

가까운 거리에서 활을 쏘는 것은 자칫 위험할 수 있습니다. 버팔로가 화살 한 방에 쓰러질 약골도 아니고, 괜히 화만 돋우었다가 받치기라도 하는 날에는 목숨을 장담할 수 없었지요. 튼튼한 우리를 만드는 것도 현명한 사냥법은 아니었습니다. 번거롭고 품이 많이 드니까요. 그래서 가장 많이 애용된 사냥법은 절벽이었습니다. 뛰어내리는 순간 덩치 큰 짐승은 커다란 고기가 됩니다. 인간 입장에서는 가장 안전하고 효율적인 사냥법이었지요. 겁주어 절벽 방향으로 몰고자 할 때는 말린 버팔로 똥에 불을 붙여 집어 던지거나 늑대가죽을 뒤집어쓰는 기지를 발휘하기도 했습니다.

캐나다 앨버타주의 남부, 로키산맥 자락의 허허벌판에 유네스코 세계문화유산 보호지역이 있는데 그 이름이 특이합니다. '헤드 스메쉬드 인 버팔로 점프Head-Smashed-In Buffalo Jump', 우리말로 굳이 바꾸자면 '머리 으깨진 버팔로 뜀터'입니다.

캐나다의 마지막 버팔로(스틸 앤 컴퍼니 사진, 1902)

헤드 스메쉬드 인 버팔로 점프

Head·Smashed·In Buffalo Jump
World Heritage Site

버팔로 사냥용 절벽

바로 6,000년 동안 이용된 버팔로 사냥용 절벽입니다. 그 오랜 시간 동안, 정말 셀 수 없이 많은 버팔로가 등 떠밀려 뛰어내린 장소이지요. 버팔로가 머리 깨져 죽는 곳이어서 이런 이름이 붙은 것이려니 생각되지만 원주민의 전설에 따르면 정 반대입니다. 하늘에서 떨어지는 버팔로를 구경하던 소년이 머리 깨져 죽는 바람에 붙게 된 이름이라고 합니다. 유럽 백인에게서 말을 얻게 된 이후에는 사냥이 훨씬 더 쉬워졌습니다.

잡는 데 성공했으니, 이제 이용할 차례입니다.

고기	큰 수소의 몸무게 약 900킬로그램, 이 중 고기 약 360킬로그램. 큰 암소는 약 540킬로그램에 고기 180킬로그램
혀와 간	가장 맛있는 부분. 주로 생으로 먹음
뿔	국자나 숟가락 등의 재료
심장과 방광	가방, 물통
위장	물통, 솥(위장에 물, 야채, 향신료, 고기를 넣은 다음 달구어진 돌을 넣어서 끓임)
꼬리	놀이용품, 파리채, 채찍
발굽	본드(잘게 쪼갠 발굽을 위액과 함께 오랫동안 끓임)
힘줄	활줄, 바느질용 실
뇌	태닝 약품 (뇌를 끓여 죽을 만든 다음 가죽의 태닝 작업을 위해 바름. 뇌에 포함된 기름과 레시틴Lecithin 등의 성분이 가죽을 부드럽게 만듦)
뼈	칼, 화살촉, 곤봉 등 단단함이 필요한 모든 것
쓸개즙	노란색 페인트
피	검붉은 페인트, 푸딩 혹은 스프의 재료
해골	종교 행사용품
털	베개, 인형, 쿠션의 속 채우는 재료, 실 만드는 재료
지방	비누, 태닝 약품, 머릿기름, 화장품 재료, 페미칸Pemmican이라 불리는 소시지 재료 (페미칸 만드는 법: 살코기를 햇볕에 말린 다음 돌로 빻아 굵은 가루로 만듦. 숲속에서 얻을 수 있는 여러 종류의 산딸기도 말려서 빻아 굵은 가루로 만듦. 고기가루와 산딸기가루에 지방을 버무려서 가죽부대에 넣어두면 방부제 없이 최대 10년까지 보관할 수 있는 고칼로리 영양식이 됨)
똥	연료, 베이비파우더(말린 똥을 가루 내어 아기 엉덩이에 발라줌)
펠트Pelt	침낭, 겨울옷, 카펫 등 보온이 필요한 모든 곳
가죽	옷, 가방, 신발, 텐트 등 천으로 만들 수 있는 모든 것

정말 안락한 생활을 위해 필요한 모든 것이 포함되어 있습니다. 원주민에게 버팔로 사냥은 백화점 쇼핑과 다름없었던 것입니다.

이와 같은 전통적 의미의 버팔로 사냥은 유럽인의 유입 이후 학살로 변합니다. 이유는 크게 세 가지였습니다. 첫 번째, 버팔로 가죽의 상업적 거래입니다. 가죽이 곧 돈이 되는 세상, 백인과 원주민 구분 없이 쉴 틈 없이 잡아들였고 가죽을 벗겼습니다. 두 번째는 단순한 재미의 추구였습니다. 모험을 즐기고, 사격 솜씨를 뽐내고, 새로 산 총의 위력을 자랑하기 위해 죽였습니다. 마지막은 군사작전입니다. 원주민과의 전쟁을 벌이던 백인 군대가 원주민의 식량을 빼앗는 것이 효과적인 승리 전략임을 모를 리 없었지요.

오른쪽 맨 아래 사진은 갈아서 비료로 사용할 요량으로 쌓아둔 버팔로의 해골입니다. 차곡차곡 정교하게도 쌓았습니다. 동물의 뿔로 만든 제단이 델로스에만 있었던 것은 아니었군요.

절벽으로 버팔로를 몰고 가는 사냥꾼들(알프레드 제이콥 밀러 작, 1858~1860)

버팔로를 사냥하던 군인들(1890)

1870년대 미국, 알려지지 않은 장소의 버팔로 해골 언덕

노예와 목화

냉정하게 평가했을 때 목화보다 뛰어난 의복 재료는 없습니다. 물론 울은 목화보다 따뜻합니다. 리넨은 목화보다 시원하고, 실크는 목화보다 아름답고, 또 모피는 목화보다 고급스럽습니다. 그럼에도 불구하고 그 어떤 것도 목화를 대체하지 못합니다. 어쩌면 목화는 배추김치 같은 것인지도 모르겠습니다. 아삭한 식감에서는 깍두기가, 톡 쏘는 향으로는 갓김치가, 알싸한 맛으로는 파김치가 흔해 빠진 배추김치보다 낫지만, 이 중 어떤 것도 배추김치보다 우위를 자랑하지 못합니다. 이런 이유로 전 인류의 의생활 수준 향상에 있어 아메리카, 그중에서도 미국으로 끌려온 흑인 노예들의 공헌이 대단했다고 말할 수 있습니다. 바로 그들이 목화를 키웠으니까요.

노예의 1년

덥고 습한 미국 남부에서 노예들이 어떻게 목화를 키웠는지 그들의 1년을 따라가 보겠습니다.

미시시피의 목화농장(1884)

밭을 가는 사람들. 농장 감독이 말에 탄 채 이들을 주시하고 있다(1875)

1~2월

밭 넓히는 작업을 시작합니다. 지주들이 목화를 키우기 위해 사들인 땅이 처음부터 제대로 된 밭이었을 리는 없습니다. 나무를 베어내고, 관목과 돌을 치우고, 잡초에 불을 지르고, 필요한 만큼의 평탄화 작업을 하고, 수로를 만드는 등의 노동을 투입해야만 땅이 밭으로 변합니다. 나무를 베어내고 남은 밑동을 파내는 일은 시간이 오래 걸리고 고단합니다.

3월

밭을 가는 일로 본격적인 농사가 시작됩니다. 노새 두 마리에게 쟁기 하나를 메어주고 밭을 갑니다. 노예는 노새의 엉덩이를 회초리로 다그치고, 말 탄 감독은 노예의 등을 소가죽 채찍으로 내리칩니다. 목화 파종을 위한 최적의 시기는 25센티미터 깊이의 땅속 온도가 18.5도까지 올라왔을 때입니다. 이 시기를 정확히 맞추기 어려운 경우라면 자연스럽게 채찍질이 잦아집니다.

4월

파종이 시작됩니다. 씨 뿌리는 일은 그리 고된 노동이 아닙니다. 날씨도 좋습니다. 누가 시키지 않았는데도 노예들이 노래를 흥얼거립니다. 음악은 자유 없는 삶을 살아가는 그들에게 유일한 위안이었습니다. 때로는 경쾌하고 때로는 슬픈, 그들의 노동요를 접하게 된 몇몇의 백인은 구전되던 그 노래들을 기록해 두어야 한다고 생각했습니다. 충분한 음악적 가치가 있다고 판단한 것입니다. 그 책이 1867년 출판된 『미국의 노예노래

Slave Songs of the United States』[*]입니다. 흑인의 음악적 재능은 당시에도 퍽 유명했던 모양입니다. 이 책의 서문은 이렇게 적고 있습니다. "검둥이Negro 인종의 음악적 능력은 상당히 오랜 기간 인정받아왔던 바인데, 그들의 멜로디를 수집하고 보존하려는 체계적인 노력이 왜 여태껏 없었는지 설명하기가 어렵다." 이 책에는 136곡의 노예 노동요가 수록되어 있는데 대부분의 가사가 크리스트교적인 메시지여서 노동요인지 찬송가인지 구분하기 힘듭니다. 하지만 그들이 어떤 심정으로 하루하루를 견뎠는지 짐작하기에는 충분합니다. 세 곡만 살펴보도록 하겠습니다. 71번째 노래의 가사는 아래와 같습니다.

> "주여, 저를 더욱 인내하게 하소서. 주여, 저를 더욱 인내하게 하소서. 주여, 저를 더욱 인내하게 하소서. 우리 다시 만날 때까지. 인내, 인내, 인내, 우리 다시 만날 때까지."

90번째 노래의 가사입니다.

> "나는 피곤함을 느끼지 않는다네, 지치지도 않는다네. 오 영광 할렐루야.다만 온 세상이 불탈 때, 저를 천국에 있게 하소서. 오 영광 할렐루야."

5~7월

이제 잡초 뽑는 계절이 왔습니다. 제초제도 없던 시절이니 더없이 고통

---

[*] Allen, W. F., Ware, C. P., & Garrison, L. M. K. (1867). *Slave songs of the United States.* New York: A. SIMPSON & GO.

스러운 날들의 연속입니다. 위 책의 60번째 노래가 이 계절에 어울릴 성 싶습니다. 2절의 가사입니다.

"너를 태우는 햇볕은 이제 그만, 할렐루야. 너를 태우는 햇볕은 이제 그 만, 할렐루야."

호미와 괭이를 잡은 손은 아침부터 밤까지 단 한 순간도 쉴 틈이 없 습니다. 깨끗이 뽑아놓았던 곳도 며칠이면 다시 풀로 뒤덮입니다. 태양이 뜨거우면 노예는 힘들겠지만 풀은 오히려 힘이 솟아납니다. 미국 남부의 높은 습도 역시 노예에게만 가혹할 뿐 풀에게는 축복입니다. 이처럼 온 전히 풀이 유리한 환경임에도 불구하고 풀과 노예의 속도 경쟁은 어김없 이 노예의 승리로 끝납니다. 노예만큼이나 감독도 바빴기 때문입니다.

8월

잡초의 성장 속도가 줄어들면서 목화밭에 여유가 생깁니다. 노예는 그 동안 소홀할 수밖에 없었던 식량 생산에 힘을 써야 합니다. 고구마, 옥수 수, 콩, 사탕수수, 푸성귀 등을 재배하고 소, 돼지, 칠면조, 닭을 돌보고, 주인과 감독의 말을 빗질하고, 노새를 먹입니다. 부지런히 할 일을 마치 면 오후 휴식을 얻을 수도 있습니다.

9~11월

드디어 수확의 계절입니다. 목화 꽃이 지고 난 자리에는 작은 공처럼 생긴 볼Boll이 맺힙니다. 볼은 솜이 가득 차 있는 목화의 열매입니다. 이

목화꽃

꽃이 지고 난 자리에 맺힌 코튼볼은 점점 커지다가 9월부터 터진다.

목화를 따고 있는 사람들(1887)

볼이 점점 커지다가 9월부터 터지기 시작합니다.*

선선한 가을바람을 맞으며 하얗고 가벼운 볼을 손으로 따서 광주리에 담고 나릅니다. 몇 광주리를 채우면 이제 모두 모여 앉아 가장 중요한 일을 시작합니다. 바로 목화씨를 발라내는 것이지요.

생긴 모양이 비슷해서 그런지 목화씨를 발라낸다고 하면 많은 사람들이 팝콘을 떠올리곤 합니다. 팝콘 꽁지에 붙어 있는 옥수수 껍질 하나를 톡 떼어내는 것과 같이 아주 간단한 작업을 상상하지요. 그런데 목화는 이 부분에 있어서 대단히 고약합니다. 씨앗이 솜뭉치 끝에 붙어 있는 것이 아니라, 솜 가운데 숨어 있기 때문입니다. 빽빽한 솜을 파헤쳐 손가

* https://www.youtube.com/watch?v=uQuXjj5ze6c

하루 종일 거둔 목화를 나르고 있다(1887)

락으로 이놈을 잡은 다음, 간단히 꺼낸다기보다 힘주어 뜯어내야 합니다. "이 정도 가지고 고약하다고?" 하면서 의아해 할 수도 있습니다. 하지만 이런 의문은 코튼볼 하나에 약 서른 개의 씨앗이 숨어 있다는 사실을 모를 때에만 품을 수 있는 순진한 생각이지요. 만약 현대인에게 이 작업을 시킨다면 특히나 그 지루함 때문에 고통스럽겠지만, 노예들에겐 얼마간의 즐거움도 기대할 수 있는 작업이었습니다. 할당량을 채워야 한다는 부담은 있었지만 노예끼리 둘러 앉아 있으니 두런두런 이야기도 나눌 수 있습니다. 아주 나쁜 상황만은 아니었다는 겁니다.

12월

씨를 발라내고 얻은 순수한 솜을 내다 파는 것은 주인이나 감독의 일이니, 목화농장에서의 노예 역할은 다 끝났습니다. 하지만 주인은 겨울

휴식을 주기보다는 건설 현장 등 일손이 필요한 곳에 노예를 대여해주고 가욋돈을 챙겼습니다. 노예의 휴무는 매주 일요일 예배시간과 크리스마스 하루, 미국의 독립 이후엔 독립기념일까지 이틀이었습니다. 이 정도가 목화농장 노예의 일반적인 1년 생활인데, 가장 바쁠 줄 알았던 수확 철이 비교적 여유롭다는 것이 신기합니다. 고맙게도 목화솜이 씨앗을 잔뜩 품고 있는 덕분이었지요. 하지만 1794년, 일라이 위트니Eli Whitney가 노예의 가을을 지독하게 망쳐버렸습니다. 어떻게 망쳤을까요? 훌륭한 발명품을 만들어서 망쳤습니다.

일라이 위트니의 코튼 진

그는 매사추세츠에서 나고 자라 예일대를 졸업한 북부의 젊은이였습니다. 직장을 알아보던 중 우연히 남부의 대규모 농장을 방문하게 되었고, 거기서 목화씨 바르는 모습을 보게 됩니다. 그는 두 가지 생각을 했습니다. 하나는 "손으로 씨를 바르는 이 비효율적인 작업을 기계로 한다면 훨씬 빨라질 것이다." 두 번째, "그 기계는 나를 부자로 만들어줄 것이다." 그는 곧바로 닭장을 배회하는 고양이를 떠올렸습니다. 창살 저편에서 유유히 거니는 닭, 그 닭을 잡아먹고 싶어 안달 난 고양이. 창살 사이로 앞발을 쑥 집어넣어 닭을 붙잡는 데까지는 매번 성공합니다. 그러나 언제나 빠져 나오는 건 닭이 아니라 닭털뿐입니다. 닭의 몸통이 창살의 간격보다 크니 당연합니다. 이 상황을 목화에 대입해보면, 닭의 몸통은 목화씨앗이고, 깃털은 솜입니다. 수없이 많은 고양이 발톱을 쇠로 만들어서 창살을 사이에 둔 채로 목화를 계속 긁어내면, 씨앗은 그쪽에 그대로 남

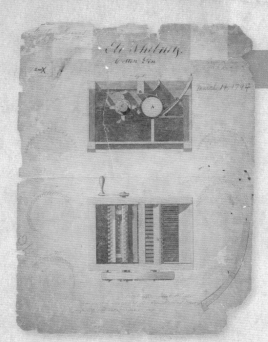

◀ 오리지널 코튼 진 특허 도안(1794).
일라이 위트니는 1793년에 코튼 진을 만들었고,
1794년에 특허를 냈다.

▲ 루머스 코튼 진 제품 광고(1896)

THE FIRST COTTON-GIN.—DRAWN BY WILLIAM L. SHEPPARD.—[SEE PAGE 314.]

최초의 코튼 진(《하퍼스 매거진》, 1869).
이 모델은 일라이 위트니의 발명품을 업그레이드한 것이다.

고, 솜만 이쪽으로 끌려나오게 되는 것이지요. 아이디어를 떠올리기가 어려웠을 뿐, 만드는 것은 쉬운 간단한 기계였습니다. 코튼을 엔진에 넣고 돌린다 해서 코튼 엔진^{Cotton engine}, 줄여서 코튼 진^{Cotton gin}이라고 불렀습니다. 이제부터, 일라이 위트니, 지주, 노예, 그 누구도 예상하지 못했던, 이 기계의 발명이 가져온 거대한 후폭풍이 시작됩니다.

각자의 입장에 따라 설명하겠습니다. 우선, 일라이 위트니는 큰돈을 벌지 못했습니다. 간단한 만큼, 베끼기도 쉬웠기 때문입니다. 특허를 내기는 했지만 반복되는 소송비용을 대느라 재산만 축냈을 뿐, 복제품의 확산을 막을 수는 없었지요. 지주의 입장에서는 천국의 문이 열린 것과 마찬가지였습니다. 노예들의 노동력을 목화 따는 데에만 집중 투입할 수 있으니, 목화농장의 규모를 얼마든지 더 키울 수 있습니다. 규모가 커진 만큼 이익도 솟구칩니다. 각 목화농장의 성장 규모가 어느 정도였는지, 또 얼마나 많은 지주들이 다른 작물을 포기하면서 목화농업에 뛰어들었는지, 목화 생산량의 변화로 짐작해보겠습니다.

일라이 위트니 뮤지엄에 전시된 19세기 코튼 진(햄덴, 코네티컷)

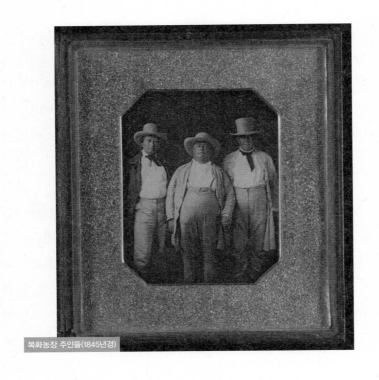

목화농장 주인들(1845년경)

　코튼 진 발명 이전인 1793년, 미국 내 목화 생산량은 약 2,000톤 정도
였습니다. 여기서 잠깐! 목화의 양을 톤 단위로만 말하다 보면 이것이 얼
마큼의 양인지 실감하기가 어렵습니다. 그래서 청바지 무게로 환산해서
말하고, 톤은 괄호 안에 병기만 하는 것이 더 좋을 것 같습니다. 2,000톤
을 청바지의 무게인 600그램으로 나누면 333만 벌 정도입니다. 이제 다시
시작하도록 하겠습니다. 코튼 진 발명 이전인 1793년, 미국 내 목화 생산
량은 청바지 333만 벌을 만들 수 있을 만큼이었습니다(2,000톤). 부산시
인구(3,491,282) 전체에게 청바지 한 벌씩 나누어줄 수 있을 만큼이니, 적
다면 적고 많다면 많은 양입니다. 코튼 진 발명 이후인 1800년에는 청바
지 5천 666만 벌을 만들 수 있을 만큼 생산했습니다(34,000톤). 우리나라

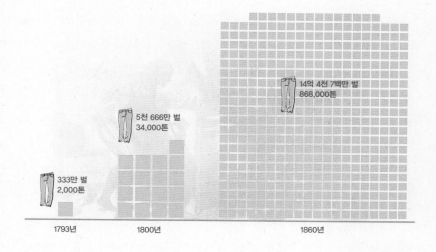

		14억 4천 7백만 벌 868,000톤
	5천 666만 벌 34,000톤	
333만 벌 2,000톤		
1793년	1800년	1860년

인구 전체에게 청바지 한 벌씩 돌릴 수 있게 된 것과 마찬가지니 대단한 성장입니다. 1860년에는 청바지 14억 4천 7백만 벌을 만들 수 있을 만큼 생산했습니다(868,000톤). 이제 중국 인구를 다 입히고도 청바지가 남습니다. 한 작물의 생산량이 부산시 인구 규모에서 중국 인구 규모로, 70년도 채 안 되는 기간 동안 약 434배가 성장한 겁니다. 인류 역사상 이런 경우는 단 한 번도 없었습니다.

　마지막으로 노예의 입장입니다. 목화밭이 수백 배로 넓어진다는 것이 노예에게는 어떤 의미일까요? 피상적인 몇 줄의 설명 대신 프레드릭 옴스테드Frederick Olmsted라는 북부 출신 여행자가 목화농장에서 직접 목격하고 적은 1854년의 기행문*을 통해 그들의 삶을 잠시 엿보겠습니다.

＊　소개하는 내용은 옴스테드의 책『코튼킹덤』의 한 부분을 발췌한 것이다. 너무 장황한 부분을 잘라내고 이어붙인 부분이 있다. 옴스테드는 뉴욕 센트럴 파크를 디자인한 조경건축가로 더 유명하다. Frederick Law Olmsted(1861), *The cotton kingdom: A traveller's observation on cotton and slavery in the American slave states*, Mason Brothers, New York.

어쩌면 당연한 것이겠지만 노예제를 가지고 있는 동부 혹은 북부 주와 비교해서 남서부 전역의 검둥이들은 훨씬 더 심하게 노동하는 것처럼 보였다. 그들은 계속 끈질기게 밭으로 끌려왔다. 멍한 상태로 기계처럼 일하는 그들을 보는 것은 고통스러웠다. 곡괭이질을 하는 남자들이 특히 더 안돼 보였다. 그중 한 무리는 두 농장의 노예가 합쳐져서 200여 명이나 되었는데 일렬로 늘어서서 밭고랑을 오르락내리락하며 대단히 꼼꼼하게 작업하는 중이었다. 나는 말을 타고 그들 주위를 몇 번이나 천천히 지나 다녔다. 그런데도 불구하고 그 누구도 땅에서 눈을 떼어 나를 쳐다보지 않았다. 나의 존재는 그들의 일에 어떤 방해도 되지 않았고 어떤 변화도 일으키지 못했다. 그들은 그저 고집스레 일할 뿐이었다. 노예제의 잔인함에 대해 귀로 들었던 그 어떤 이야기보다 이 장면을 보는 것이 더 고통스럽다고 나는 생각했다. 일꾼의 등 뒤를 이리저리 다니며, 이따금씩 소리 나도록 채찍을 휘두르며, 이 녀석 저 녀석에게, "네 곡괭이로 저길 파! 파란 말이다!" 날카로운 목소리로 소리치는, 키가 크고 힘세 보이는 검둥이의 존재 덕분에, 이 장면이 만들어내는 끔찍함은 배가되었다. 물론 그가 누굴 채찍으로 때리는 모습을 보인 것은 아니다.

남부에서 보낸 시간을 통틀어 검둥이에게 가하는 육체적 형벌 중 가장 가혹한 것을 목격하게 된 건 바로 이 농장에서였다. 매질을 가하는 감독의 태도라든지 그 일이 끝나고 난 후 보여준 그의 태연한 말투에서, 나는 이 정도의 가혹함이 전혀 특별한 일이 아니라는 것을 알 수 있었다. 우리는 우연히 마주친 것이었고 그가 일하는 농장을 나에게 구경시켜주는 중이었다.

감독이 농장 이곳저곳을 나에게 안내하고 있을 때 몇몇의 노예와 마주 치기도 했고 잡목으로 뒤덮인 깊숙한 도랑도 두어 번 건넜다. 이제 같은 도랑을 세 번째 건너던 참이었다. 감독이 갑자기 말을 세우더니 소리쳤다.

"저거 뭐야? 이봐! 거기 누구야?"

도랑의 제일 깊숙한 곳 땅바닥엔, 배를 깔고 바짝 엎드린 한 소녀가 있었다. 우리의 눈을 피하기 위해 일부러 잡목 속에 숨은 것이 분명했다. "거기 누구야?"

"샘Sam의 딸, 셀Sall입니다. 나리!"

"왜 거기 숨어 있는 거지?"

소녀는 엉거주춤 일어섰다. 그러나 대답은 없었다.

"하루 종일 여기 이러고 있었단 말이야?"

"아닙니다, 나리."

"거긴 왜 가 있어?"

소녀는 대답이 없었다.

"하루 종일 어디 있었어?"

소녀가 뭐라고 대답하긴 했지만 알아들을 수가 없었다.

몇 번의 질문과 대답이 오간 다음에서야, 그녀는 "아빠가 아침에 나가면서 집 안에 제가 있는 것을 모르고 집 문을 잠갔다"고 말했다.

"그럼 어떻게 나왔지?"

"널빤지 하나를 밀어젖히고, 꿈틀거리며 기어서 나왔습니다, 나리."

잠깐의 침묵 후, 감독이 그녀를 바라보며 말했다.

"아닌 거 같은데. 이리 나와."

소녀는 단박에 일어서더니 그의 앞으로 걸어왔다. 열여덟쯤 되어 보였다. 허리에는 한 묶음의 열쇠를 걸고 있었다. 감독이 흘끗 보았다.

"니 애비가 문을 잠갔어? 열쇠는 네가 가지고 있는데!"

잠깐 망설이는가 싶더니, 그녀는 "제가 가지고 있는 열쇠들은 다른 자물쇠에 맞는 것이고, 문을 잠그는 열쇠는 아빠가 가지고 있다"고 대답했다. 그녀의 말이 사실인지 아닌지, 말 타고 2분이면 그녀의 아빠가 일하고 있는 곳에 가서 확인해볼 수도 있었지만, 감독은 그럴 의도가 없는 듯했다.

"아닌 거 같은데. 무릎 꿇어."

소녀는 땅바닥에 무릎을 꿇었다. 말에서 내려온 그는 한 손으로 말을 붙잡고 다른 손으로는 채찍을 들었다. 사람을 때릴 용도로 쓰기엔 너무 끔찍한, 질기고 낭창거리는 그 생가죽 채찍으로, 그는 소녀의 어깻죽지를 서른에서 마흔 대 가량 내리쳤다. 한 팔 길이의 상처를 남기는 채찍질은 단 한 대도 빗나가지 않았다. 감독은 무표정했다. 채찍이 떨어질 때마다 소녀는 빌었다. "그렇습니다. 나리!" 혹은 "으악. 나리!" 혹은 "제발. 나리!" 그러나 소리 높여 울부짖지는 않았다.

한참 후, 때리기를 멈추고 감독이 말했다.

"자, 이제 사실대로 말해."

소녀는 같은 이야기를 반복했다. 감독이 말했다.

"아직 충분하지 않은가 보구나. 옷 걷고 누워."

단 한마디 말도 없었다. 표정에서조차 애원이나 항의, 그 어떤 것도 드러나지 않았다. 일말의 망설임 없이 소녀는 옷을 어깨까지 걷어 올린 다음 하늘을 보고 땅바닥에 누웠다. 감독은 벌거벗은 배와 허벅지를 이전보다 더 맹렬하게 생가죽 채찍으로 계속 내리쳤다. 소녀는 몸을 비틀며 기며 웅크리며 절규했다. "오, 그만. 나리!", "오, 제발 그만해주세요. 주인님", "제발. 나리", "제발. 나리", "오, 이제 충분합니다. 주인님", "오, 주인나리", "오, 주인님. 주인님", "오, 신이시여", "주인님. 멈춰주세요", "오, 신이시여. 주인님", "오, 신이시여. 주인님."

우리와 함께 다니던 열다섯쯤의 젊은 신사는 시간이 지체되고 있다는 것에 짜증이 난 듯한 표정으로 저 앞에서 뒤돌아보고 있었다. 예전에 남자가 곤봉으로 맞는 것을 본 적은 있었다. 하지만 여자가 채찍질 당하는 것을 본 것은 처음이었다. 그때의 끔찍함은 지금 광경에서 느껴지는 끔찍함의 100분의 1도 채 안 되는 것이었다.

나는 감독을 쳐다보았다. 그는 화가 난 것도 아니고, 그저 지극히 사무적인 표정으로 매를 칠 뿐이었다. 아무런 감정도 느끼지 못하는 것이 분명한 젊은 신사는 무심히 돌아서버렸다. 다만 나의 말이 불안해할 뿐이었다. 나는 말을 몰았다. 수풀을 지나고 언덕길을 달려 올라가 제방 꼭대기에 다다랐을 때쯤에서야 비명과 채찍 소리가 멈췄다. 목메어 흐느끼는, 혹은 발작하는 듯한 신음만 들려올 뿐이었다. 나는 골짜기를 가로질러 목화밭이 끝나는 곳까지 간 다음, 길로 들어섰고, 그 둘과 다시 합류하게 되었다. 내게로 다가오며 감독은 웃음을 지었다. 그러고는 말했다.

"하루 농땡이 치려고 나를 속이려 든 거요. 매번 저렇다니까."

매매시장에 나온 노예들(1853)

코튼 진의 발명 이후, 미국 특히 남부의 경제는 노예의 노동력에 이전보다 훨씬 더 심하게 의존하게 됩니다. 노예가 목화를 따는 것이 최대의 수입원이니 더 많은 노예를 수입하는 것이 당연하고, 그들의 노동력을 효율적으로 관리해야 하니 더 많은 채찍질을 가하는 것이 일상이 되어버렸습니다. 비교적 노예의 노동력에 덜 의존해왔고, (일부 주를 제외하고) 1700년대 후반부터는 법으로도 금지해놓았던 북부 사람들은 남부의 노예제를 비판하기 시작합니다. 노예가 없으면 망할 수밖에 없는 상황의 남부 사람들은 받아들일 수 없습니다. 대립은 걷잡을 수 없이 첨예해집니다. 결국 1861년, 그러니까 앞의 기행문이 쓰이고 7년이 지난 다음, 남북전쟁이 터지고 약 70만 명이 사망하고 나서야 결론이 납니다. 남북전쟁의 발발 원인을 논할 때 코튼 진 발명에 대한 설명은 절대 빠지는 법이 없습니다. 나비효과라는 게 이런 것일까요?

잔인하고 폭력적인 농장주 리그리가 톰을 걷어차고 있다. 1852년에 출간된 「톰 아저씨의 오두막*Uncle Tom's Cabin*」에 나오는 장면이다.*

노예의 등에 채찍 자국이 선명하다(1863).

---

*   미국의 소설가 스토(Harriet Elizabeth Beecher Stowe, 1811~1896)의 작품으로 기독교적 인도주의의 입장에서 흑인 노예의 참상을 그렸다. 노예제도에 대해 품고 있었던 인간적인 분노와 절망을 표출함으로써 '노예제를 통렬히 비판한 위대한 멜로드라마'라는 칭송을 받았다. 남북전쟁을 일으킨 하나의 요인으로 간주된다.

** 앤티텀 전투(Battle of Antietam)는 미국 남북전쟁 중반기인 1862년 9월 17일에 벌어졌다. 남부에서는 샤프스버그 전투(Battle of Sharpsburg)라고 부르기도 하는데, 양군 합쳐 약 23,000명의 손실이 발생했던 합중국 역사상 단일 전투로서 가장 많은 피를 흘린 전투이다. 북부를 점령하려는 남부 연방의 첫 번째 시도를 무력화했다는 점에서 중요하며, 링컨에게 노예 해방 선언을 발표할 기회를 주었다.

BATTLE OF ANTIETAM.

평화회담자(조지 힐리 작, 1868), 1865년 3월 28일 '리버퀸 호'에서 윌리엄 셔먼 장군, 그랜트 장군, 링컨, 데이비드 딕슨 포터 제독이 내전에 대해 토론하고 있다.

현대 흑인의 창조물

'키 앤 필Key & Peele'이라는 유명한 개그 듀오가 있습니다. 그들의 작품 중 〈모자 전',
쟁Dueling hats〉 에피소드를 살펴보겠습니다. 세 개의 장면만으로 구성된 아주 짤막한
작품입니다.

장면1_첫째 날 : 미국 어느 도시의 평화로운 골목길. 필은 평소와 다름없이 아주 평
범한 주황색 모자를 쓰고 길에서 잡담을 하고 있었습니다. 그때 동네친구 키가 나타
납니다. 그런데 이게 웬일입니까? 그가 태그와 스티커가 그대로 붙어 있는 완전 신
상 모자를 쓰고 왔습니다. 그 모자를 본 필은 참을 수 없는 질투를 느끼며 경쟁심에
사로잡힙니다. 그리하여 더 충격적인 신상 모자를 쓰고 오리라 다짐합니다.

장면2_다음날 : 신상 모자로 친구를 눌러버린 키는 기분 좋게 같은 장소에서 잡담을
하고 있었습니다. 그때 의기양양한 필이 저 멀리서 걸어오는데 과연 충격적인 신상
모자를 쓰고 있습니다. 태그와 스티커가 그대로 붙어 있는 것은 물론, 투명 포장 봉
투 안에 담겨 있기까지 합니다. 그 뿐만이 아닙니다. 그 봉투 안에는 보란 듯이 기다
란 영수증까지 첨부되어 있습니다. 완벽한 신상임이 분명합니다. 겨우 태그와 스티
커가 달려 있을 뿐인 키의 모자는 신상 축에도 끼지 못하게 되었습니다.

장면3_결전의 날 : 어제의 패배를 만회하고자 절치부심하던 키는 그야말로 엄청난
모자를 구해왔습니다. 백화점 유리 진열대 안에 들어 있는 모자를, 진열대에서 꺼내

· https://www.youtube.com/watch?v=i5ZM0-f5_CU

지도 않은 채 쓰고 온 것입니다. 더 이상의 신상은 이 세상 그 어디에도 없다고 그는 확신했습니다. 하지만 그의 자신감은 저 멀리 서 있는 필을 발견하자마자 절망으로 바뀌었습니다. 필이 재봉틀에 앉아 모자를 만들고 있는 동양인 봉제공을 머리에 썼기 때문입니다. 제품 생산 과정 중에 있는 모자라니! 이것은 바다 건너기 전, 출고되기 전, 품질 검사 전의 신상으로 구매 가능한 상품으로는 존재하지 않는 태초의 절대 신상입니다. 키는 할 말을 잃고 돌아서고 맙니다.

미국 흑인들이 왜 태그나 스티커를 떼지 않고 모자를 쓰기 시작했는지 한마디로 단정 지어 이야기할 수는 없습니다. '새로 구입했음을 나타내기 위한 것', '비싼

키 앤 필 듀오. 키건 마이클 키(좌/Keegan-Michael Key), 조단 필(우/Jordan Peele)

브랜드임을 더 효과적으로 보여주기 위한 것', '가난한 흑인이 몇 번 쓰고 환불하기 위한 것' 등의 추측이 있을 뿐입니다. 음악으로 대표되는 힙합문화 속에서 그들이 새롭게 선보인 패션은 이것 외에도 아직 많습니다. 옷을 거꾸로 입는 것, 이름부터 '허리띠'인 허리띠를 엉덩이 밑에 걸치는 것, 주렁주렁 달린 금붙이와 명품 브랜드를 향한 너무 티 나는 열망 등이 그것입니다. 아주 일상적인 셔츠도, 신발도, 바지 밑단도 새로운 방식으로 충분히 이상하게 입습니다. 완전히 새로운 아이템을 개발한 것은 아니지만 S사이즈로 충분히 가릴 수 있는 몸에 XL을 걸치고, 응당 가려져 있어야 할 속옷을 내보이고, 대퍼 댄^{Dapper Dan*}처럼 "이게 뭐야?" 싶을 만큼 낯부끄러운 가짜를 제작하여 기존의 것들을 새롭게 입었습니다. 70~80년대 뉴욕 브롱크스 뒷골목 흑인 갱단의 옷 입는 방식이 오랫동안 유지되어온 서양 복식의 전통을 해킹한 것입니다. 그런데 이것이 히트가 됩니다. 인류의 역사만큼 긴 패션의 역사에서 이와 같은 패드(일시적 유행)의 조합이 클래식의 한 축으로 자리 잡게 될지 아니면 하릴없이 사라져버릴지 알 수 없습니다. 하지만 아직까지는 성공적입니다. 맨몸으로 납치되어 왔고, 일요일 예배시간 빼고는 인간답게 갖춰 입을 수도 없었던 서러운 역사를 기억하는 그들이기에 어찌 보면 통쾌합니다.

---

* 뉴욕 할렘 출신의 전설적인 재단사이자 디자이너. 루이비통 구찌 등 명품의 로고 및 디자인을 재해석하여 힙합 아티스트를 위한 의상을 제작하여 명성을 쌓았다. 인스타그램(https://www.instagram.com/dapperdanharlem/)에 들어가 보면 대퍼 댄의 최근 활동을 알 수 있다.

서양복식은 지역에 따른 구분이고 현대복식은 시대의 구분이기 때문에 서양 옷과 현대 옷이 같은 개념은 아닙니다. 하지만 현대복식이 서양복식에 그 기원을 두고 있기에 우리가 입는 옷에 대해 알고자 하면 서양복식사를 살펴야 합니다.

단정적으로 말하면 안 될 것 같은 심리적인 부담이 있지만 객관적으로 서양복식이 동양복식보다 뛰어납니다.

첫 번째, 그 원인은 활발한 교류에 있습니다. 끊이지 않았던 정복전쟁과 종교전쟁, 상업거래, 유력가문의 국제결혼을 통해서 다른 문화의 사람들이 부대끼게 되었고 패션의 전 방향 전파가 이루어졌습니다. 다양한 민족의 전통 문화를 죽 늘어놓고, 그중에 맘에 드는 것을 골라 여러 가지로 조합했습니다. 그 조합의 결과물이 뛰어났다는 것이 아니라 조합할 재료가 많았다는 점에서 유리했습니다. 지중해 주변과 유럽 본토, 더 나아가 아프리카, 아시아의 재료까지 사용했으니까요.

두 번째, 각국의 왕실과 교황청, 메디치와 같은 귀족 가문이 돈을 아낌없이 썼습니다. 새롭고 특이한 혹은 가장 비싼, 그래서 착용자가 가진 돈과 권력, 그리고 그것 위에서 형성된 고급 취향을 뽐낼 수 있는 패션의 개발이 돈에 구애 받지 않고 이루어졌고, 이는 패션 전문가의 양성을 촉진했습니다. 그 돈의 일부는 사람을 착취하거나 동물을 학살하는 일로부터 얻은 것이었습니다. 윤리적인 판단을 하려는 것은 아니고 사실이 그렇다는 말입니다.

세 번째, 세계화를 통해 시장을 확대했습니다. 전 세계 식민지화에 성공한 유럽열강에 의해 대부분의 나라에서 전통복식이 사라졌고 그 빈 공간이 유럽패션으로 채워졌습니다. 힘없는 나라의 국민들은 자의 반 타의 반으로 유럽패션의 소비자가 되었습니다. 세계 최강대국으로 일어선 미국은 현대 문화를 지배하면서 유럽패션의 합리적 버전을 세상 끝까지 전파하는 데 성공했습니다. 이상이 현대복식이 유럽복식 전통에 기반을 두어 형성된 이유입니다.

서양복식은 때로는 아름답게 때로는 우스꽝스러울 만큼 특이한 과정을 통해 발전해왔고, 그 결과물을 오늘의 우리가 일상복으로 입고 있습니다. 이 과정을 살펴보고 나니 어느 순간 그 발전을 멈춰버린 우리 복식에 대한 안타까운 마음이 듭니다. 백화점, 할인점, 아울렛에서 한복 매장을 찾아볼 수가 없습니다. 한복 입는 날이라고 해봐야 고작 명절 며칠이 다인데, 그 기간조차 겨우 15퍼센트만 한복을 입습니다. 한복 제작업체는 줄었는데 한복 대여업체는 늘었습니다. 빌려 입는 것이 마땅한 할로윈 코스튬과 다를 바 없는 상황에 처해 있는 것입니다. 이제 일상복으로서의 한복은 없습니다. 물론 프랑스 소녀들도 18세기 궁정드레스를 일상복으로 입는 것은 아닙니다. 하지만 현대복 이력의 한 지점이 거기에 있으니 쉽게 공부하고 쉽게 응용할 수 있습니다. 조금은 다른 의미의 현대복을 입는 것입니다.

　패션을 대하면서 민족주의에 얽매일 필요는 없습니다. 우리가 서양의
생활방식을 받아들인 이상, 서양복식이 그 생활에 어울리는 것은 당연
하기 때문입니다. 다만, 우리 옷이 완전히 버려지지 않도록 돌보는 것이
매우 합리적인 행동이라는 것만큼은 인지하고 있어야 합니다. 인류의 역
사는 깁니다. 앞으로 얼마나 더 펼쳐질지 알 수 없고, 시시각각 문화와
생활방식이 변해갑니다. 언제일지 모르는 어느 지점에서는 우리 옷의 역
할도 결혼식장 밖으로 넓어질 수 있습니다.

　결국 "무엇을 어떻게 해야 할까?"라는 아주 어려운 질문을 마주하게
됩니다. 성급한 사람들은 근시안적인 해결 방법을 제시합니다. 외국인 관
광객이 많이 찾는 관광지나 공항 등을 언급하며, 한복을 많이 노출시켜
야 한다고 말합니다. 학생들의 교복을 한복으로 바꾸자는 의견도 종종
듣게 됩니다. 우리 옷의 가치를 관광객의 즐거움으로 환산하는 것이나,
이미 빼앗긴 누군가의 의복 선택권을 한 번 더 빼앗아 문제를 해결하겠
다는 의도가 천박하기 짝이 없습니다. 한복의 장인들, 업체들, 연구자들
을 금전적으로 지원해야 한다는 주장도 많습니다. 필요한 일이지만 역시
핵심은 아닙니다. 옷이라는 문화가 어떻게 살아가고 영향력을 확대해 나
가는지 전혀 이해하지 못하고 있는 것입니다. 당장 "이거다" 하는 해결책
을 찾기는 어렵습니다. 그렇기 때문에 할 수 있는 일에 부지런해야 합니
다. 감정적인 호소와 우리옷의 뛰어남에 대한 근거 없는 과장은 일단 접
어두고 세금이 의미 없는 일에 사용되고 있지는 않은지, 이것부터 냉철
하게 점검해야 합니다.

　이 책은 서양복식사라는 씨실에 인간에 대한 관찰이라는 날실을 엮은

것입니다. 우리 옷에 대한 걱정을 맺음말에서 토로하는 주제넘은 짓은 너그러이 용서해주시길 바랍니다. 비잔틴 제국이나 중동의 여러 문화 등, 서양복식사에 중요한 영향을 끼친 주체들을 더 많이 다루지 못한 것과 예술사조와의 연관성을 설명하지 못한 것 등은 읽는 재미를 위해 생략하였거나 통찰이 부족해 간결하게 표현할 바를 찾지 못한 탓입니다. 이 또한 송구합니다. 이 책이 옷과 역사, 그리고 사람을 이해하는 데 도움이 되길 희망합니다.

푸른들녘 인문·교양 시리즈

인문·교양의 다양한 주제들을 폭넓고 섬세하게 바라보는 〈푸른들녘 인문·교양〉 시리즈.
일상에서 만나는 다양한 주제들을 통해 사람의 이야기를 들여다본다. '앎이 녹아든 삶'을
지향하는 이 시리즈는 주변의 구체적인 사물과 현상에서 출발하여 문화·정치·경제·철
학·사회·예술·역사 등 다방면의 영역으로 생각을 확대할 수 있도록 구성되었다. 독특하
고 풍미 넘치는 인문·교양의 향연으로 여러분을 초대한다.

2014 한국출판문화산업진흥원 청소년 권장도서 | 2014 대한출판문화협회 청소년 교양도서

001 옷장에서 나온 인문학

이민정 지음 | 240쪽

옷장 속에는 우리가 미처 눈치 채지 못한 인문학과 사회학적 지식이 가득 들어 있다. 옷은 세계 곳곳에서 벌어지는 사건과 사람의 이야기를 담은 이 세상의 축소판이다. 패스트패션, 명품, 부르카, 모피 등등 다양한 옷을 통해 인문학을 만나자.

2014 한국출판문화산업진흥원 청소년 권장도서 | 2015 세종우수도서

002 집에 들어온 인문학

서윤영 지음 | 248쪽

집은 사회의 흐름을 은밀하게 주도하는 보이지 않는 손이다. 단독주택과 아파트, 원룸과 고시원까지, 겉으로 드러나지 않는 집의 속사정을 꼼꼼히 들여다보면 어느덧 우리 옆에 와 있는 인문학의 세계에 성큼 들어서게 될 것이다.

2014 한국출판문화산업진흥원 청소년 권장도서

003 책상을 떠난 철학

이현영 · 장기혁 · 신아연 지음 | 256쪽

철학은 거창한 게 아니다. 책을 통해서만 즐길 수 있는 박제된 사상도 아니다. 언제 어디서나 부딪힐 수 있는 다양한 고민에 질문을 던지고, 이에 대한 답을 스스로 찾아가는 과정이 바로 철학이다. 이 책은 그 여정에 함께할 믿음직한 나침반이다.

2015 세종우수도서

004 우리말 밭다리걸기

나윤정 · 김주동 지음 | 240쪽

우리말을 정확하게 사용하는 사람은 얼마나 될까? 이 책은 일상에서 실수하기 쉬운 잘못들을 꼭 집어내어 바른 쓰임과 연결해주고, 까다로운 어법과 맞춤법을 깨알 같은 재미로 분석해주는 대한민국 사람을 위한 교양 필독서다.

2014 한국출판문화산업진흥원 청소년 권장도서

005 내 친구 톨스토이

박홍규 지음 | 344쪽

톨스토이는 누구보다 삐딱한 반항아였고, 솔직하고 인간적이며 자유로웠던 사람이다. 자유 · 자연 · 자치의 삶을 온몸으로 추구했던 거인이다. 시대의 오류와 통념에 정면으로 맞선 반항아 톨스토이의 진짜 삶과 문학을 만나보자.

006 걸리버를 따라서, 스위프트를 찾아서

박홍규 지음 | 348쪽

인간과 문명 비판의 정수를 느끼고 싶다면《걸리버 여행기》를 벗하라! 그러나《걸리버 여행기》를 제대로 이해하고 싶다면 이 책을 읽어라! 18세기에 쓰인《걸리버 여행기》가 21세기 오늘을 살아가는 우리에게 어떻게 적용되는지 따라가보자.

007 까칠한 정치, 우직한 법을 만나다

승지홍 지음 | 440쪽

"법과 정치에 관련된 여러 내용들이 어떤 식으로 연결망을 이루는지, 일상과 어떻게 관계를 맺고 있는지 알려주는 교양서! 정치 기사와 뉴스가 쉽게 이해되고, 법정 드라마 감상이 만만해지는 인문 교양 지식의 종합선물세트!

008/009 청년을 위한 세계사 강의1,2

모지현 지음 | 각 권 450쪽 내외

역사는 인류가 지금까지 움직여온 법칙을 보여주고 흘러갈 방향을 예측하게 해주는 지혜의 보고(寶庫)다. 인류 문명의 시원 서아시아에서 시작하여 분쟁 지역 현대 서아시아로 돌아오는 신개념 한 바퀴 세계사를 읽는다.

010 망치를 든 철학자 니체
vs. 불꽃을 품은 철학자 포이어바흐

강대석 지음 | 184쪽

유물론의 아버지 포이어바흐와 실존주의 선구자 니체가 한판 붙는다면? 박제된 세상을 겨냥한 철학자들의 돌직구와 섹시한 그들의 뇌구조 커밍아웃! 무릉도원의 실제 무대인 중국 장가계에서 펼쳐지는 까칠하고 직설적인 철학 공개토론에 참석해보자!

011 맨 처음 성^性 인문학

박홍규 · 최재목 · 김경천 지음 | 328쪽

대학에서 인문학을 가르치는 교수와 현장에서 청소년 성 문
제를 다루었던 변호사가 한마음으로 집필한 책. 동서양 사상
사와 법률 이야기를 바탕으로 누구나 알지만 아무도 몰랐던
성 이야기를 흥미롭게 풀어낸 독보적인 책이다.

012 가거라 용감하게, 아들아!

박홍규 지음 | 384쪽

지식인의 초상 루쉰의 삶과 문학을 깊이 파보는 책. 문학 교과
서에 소개된 루쉰, 중국사에 등장하는 루쉰의 모습은 반쪽에
불과하다. 지식인 루쉰의 삶과 작품을 온전히 이해하고 싶다
면 이 책을 먼저 읽어라!!

013 태초에 행동이 있었다

박홍규 지음 | 400쪽

인생아 내가 간다, 길을 비켜라! 각자의 운명은 스스로 개척하
는 것! 근대 소설의 효시, 머뭇거리는 청춘에게 거울이 되어줄
유쾌한 고전, 흔들리는 사회에 명쾌한 방향을 제시해줄 지혜로
운 키잡이 세르반테스의 『돈키호테』를 함께 읽는다!

014 세상과 통하는 철학

이현영 · 장기혁 · 신아연 지음 | 256쪽

요즘 우리나라를 '헬 조선'이라 일컫고 청년들을 'N포 세대'라 부르는데, 어떻게 살아야 되는 걸까? 과학 기술이 발달하면 우리는 정말 더 행복한 삶을 살 수 있을까? 가장 실용적인 학문인 철학에 다가서는 즐거운 여정에 참여해보자.

015 명언 철학사

강대석 지음 | 400쪽

21세기를 살아갈 청년들이 반드시 읽어야 할 교양 철학사. 철학 고수가 엄선한 사상가 62명의 명언을 통해 서양 철학사의 흐름과 논점, 쟁점을 한눈에 꿰뚫어본다. 철학 및 인문학 초보자들에게 흥미롭고 유용한 인문학 나침반이 될 것이다.

016 청와대는 건물 이름이 아니다

정승원 지음 | 272쪽

재미와 쓸모를 동시에 잡은 기호학 입문서. 언어로 대표되는 기호는 직접적인 의미 외에 비유적이고 간접적인 의미를 내포한다. 따라서 기호가 사용되는 현상의 숨은 뜻과 상징성, 진의를 이해하려면 일상적으로 통용되는 기호의 참뜻을 알아야 한다.

017 내가 사랑한 수학자들

박형주 지음 | 208쪽

20세기에 활약했던 다양한 개성을 지닌 수학자들을 통해 '인
간의 얼굴을 한 수학'을 그린 책. 그들이 수학을 기반으로 어떻
게 과학기술을 발전시켰는지, 인류사의 흐름을 어떻게 긍정적
으로 변화시켰는지 보여주는 교양 필독서다.

018 루소와 볼테르; 인류의 진보적 혁명을 논하다

강대석 지음 | 232쪽

볼테르와 루소의 논쟁을 토대로 "무엇이 인류의 행복을 증진
할까?", "인간의 불평등은 어디서 기원하는가?", "참된 신앙이
란 무엇인가?", "교육의 본질은 무엇인가?", "역사를 연구하는
데 철학이 꼭 필요한가?" 등의 문제에 대한 답을 찾는다.

019 제우스는 죽었다; 그리스로마 신화 파격적으로 읽기

박홍규 지음 | 416쪽

그리스 신화에 등장하는 시기와 질투, 폭력과 독재, 파괴와 침
략, 지배와 피지배 구조, 이방의 존재들을 괴물로 치부하여
처단하는 행태에 의문을 품고 출발, 종래의 무분별한 수용을
비판하면서 신화에 담긴 3중 차별 구조를 들춰보는 새로운
시도.

020 존재의 제자리 찾기; 청춘을 위한 현상학 강의

박영규 지음 | 200쪽

현상학은 세상의 존재에 대해 섬세히 들여다보는 학문이다. 어려운 용어로 가득한 것 같지만 실은 어떤 삶의 태도를 갖추고 어떻게 사유해야 할지 알려주는 학문이다. 이 책을 통해 존재에 다가서고 세상을 이해하는 길을 찾아보자.